关于朝辉（私募）投资管理机构

朝辉（私募）投资管理机构由国内顶级操盘大师伍朝辉先生于1999年在广州发起创立，是一个纯民间私募投资理财组织。朝辉（私募）投资管理机构主要为内部会员提供个性化投资决策、全权委托理财服务，并由伍朝辉先生直接负责指挥操盘。

机构自创立以来，与国内多家证券公司、投资机构均有不同深度的合作，如广发证券、中投证券、联合证券、湘财证券、大鹏证券、光大证券等；近10年来，组织大量资金跟进每波主流行情，内部会员获利极为丰厚。仅2005年以来，内部钻石会员的平均收益率达到468%！白金会员的平均收益率达到300%以上！普通会员平均收益率达到190%以上（普通会员以随机调查取样统计结果）。以2006年12月11日入会的钻石会员邓先生为例：入市资金为132万元，截止2007年12月，资产总额已经达到1595万元，收益率超过10倍！

朝辉（私募）投资管理机构经过10多年的发展，由最初仅1800万元启动资金5个钻石会员客户，到如今，已经拥有200亿以上资金总量，并在全国20个省80多个城市100余家证券公司拥有会员交易账户，从而成为华南地区特大型民间私募组织之一。

特大型私募机构职业操盘手培训教程

《中国证券职业操盘培训教程》系列丛书

道破K线天机

伍朝辉 著

彩图版

（下册）

必将为你带来终生财富的工具书

广东省出版集团
广东经济出版社
·广州·

图书在版编目（CIP）数据

道破K线天机：彩图版. 下册 / 伍朝辉著. —广州：广东经济出版社，2013.5
（《中国证券职业操盘培训教程》系列丛书）
ISBN 978－7－5454－2120－0

Ⅰ.①道…　Ⅱ.①伍…　Ⅲ.①股票交易—基本知识　Ⅳ.①F830.91

中国版本图书馆CIP数据核字（2013）第077723号

出版发行	广东经济出版社（广州市环市东路水荫路11号11～12楼）
经销	全国新华书店
印刷	佛山市浩文彩色印刷有限公司（南海狮山科技工业园A区）
开本	787毫米×1092毫米　1/16
印张	16.5　2插页
字数	171 000字
版次	2013年5月第1版
印次	2013年5月第1次
印数	1～10 000册
书号	ISBN 978－7－5454－2120－0
定价	88.00元

如发现印装质量问题，影响阅读，请与承印厂联系调换。
发行部地址：广州市环市东路水荫路11号11楼
电话：（020）38306055　38306107　邮政编码：510075
邮购地址：广州市环市东路水荫路11号11楼
电话：（020）37601950　营销网址：**http：//www.gebook.com**
广东经济出版社新浪官方微博：**http：//e.weibo.com/gebook**
广东经济出版社常年法律顾问：何剑桥律师

《道破 K 线天机》彩图版下册前言

前些时候，博客评论功能开通，读者们在上面问得最多的就是自己的股票。大家把我伍朝辉当成了算命先生，伍老师，麻烦你来帮这个股票算下命，究竟未来命运如何？还有一些朋友干脆把一些准备买进的股票拿来问计，如果发现伍朝辉点评好，就马上买进，如果不行，则抛弃。这样的行为如果发展下去，有一些职业证券分析师就要失业了。如果任其发展，后果殊难预料。因此，我决定关闭该评论功能。再后来，索性博客也关闭了。

在杭州的一场学习交流会上，来了几百位杭州各界的炒股高手。在我心里，我尊重所有到会交流的朋友。这是一场免费交流课，我与大家探讨的是关于洗盘的技术。

课程时间长度达到两个钟，期间没有一个人挪过屁股，都睁大了眼睛，听得很来劲。

会后，我的一个朋友告诉我一件更令我感动的事情。

他说，他的座位隔壁有一位年逾八旬的老先生，在整个过程中，老先生的笔记记了满满的两大页。我问，这个老先生怎会有那么多内容要记。

他说，老先生告诉他，他听过许多老师讲的课，他发现每个老师都不会是最完美的，都有缺点。但是，每次听课，他会把每个老师的特长记录下来，自己综合总结，就会得到提高。

我非常惊讶，于是追问这个老先生的情况。

朋友说，老先生炒股已经有二十年了。单位退休之后，就一直在股市里沉迷。

除了最初的第一个十年没有什么收获之外，第二个十年，老先生资产增值速度很快，几乎每年都能获得30%以上的增长。如今，老先生已经完全靠自己在股市的努力拥有了上千万的资金实力。

我的心里油然而生敬意。

我有一种想要急切见到这位老先生的冲动。

朋友告诉我，由于现场没有问老先生的联系方式，现在已经无从知晓他的去向矣。

这真是一种遗憾！

同样是这堂课，我还见到另外更多的现象是，许多人只是张大了嘴巴，在拼命地呼吸。他们的手，安静地平放在大腿上，没有任何动作。这个情景就象是大户人家培养出来的淑女。

还有一个现象是，有部分人自以为很聪明，总想提个股的问题。其实那个股票，就是他本人的持仓股。他跟博客评论中的读者一样，很想听算命先生来说说。当然，这个情况无可厚非。

学习的精神在哪里？

杭州那位八十岁的老先生很值得我们去尊敬！

那么，学习，需要一种什么样的精神？

孔子说，三人行，必有吾师焉。择其善者而从之，其不善者而改之。

三人同行，各有长短。长者为师，短者弃之。

那么，如何发现他的长处？又如何学到人家的长处？

很简单，把自己的身段放下来，匍匐下来，五体投地，以这种谦卑心恭敬心认真接纳，而不是以批判心蔑视心去放纵。于我而言，以一种在寺院拜佛的方式去学习，这就是学习的精神。凡是有志于成为职业投资者的朋友，都需要这样的学习精神。

目　录

第一章

低进定式原文及实训模版

第一节　震荡吸筹定式

001◇震荡吸筹◇江花似火谱：低档多条并列阳线

【股谱原文】

◇在低价圈内接连出现多条小阳线，暗示逢低接手力道不弱，底部接近形成，股价即将反弹。图中的阳线多为在前一日的收盘价之下低开，但始终无法向下突破，最终以高价收盘。而股价在低档连续多日低开高走，表明空方已成强弩之末，买气转旺，为较厚实的底部形态，可信度较高。本谱中的多条小阳线犹如阳光下泛起的金色涟漪，所谓“日出江花红似火”，故称“江花似火谱”。

◇本谱实为一种底部盘整形态，虽属较为明确的底部信号，但真正的突破尚须等待大中阳线（且带量）的出现。若谱中的小阳线向右上方倾斜盘升，则升势更趋明朗化，投资者不必等待突破信号，可即时入市。

图例 001　◇震荡吸筹◇江花似火谱：低档多条并列阳线

【道破 K 线天机】实训图谱 001

实训图谱 001

认真观察实训图谱，对照所学习的股谱，把自己的学习心得体会写下来：

（1）股价所在的空间位置：________________

（2）K 线形态的结构特征：________________

（3）股价对应的量能结构：________________

（4）阅读本图的核心要领：________________

（5）实战操盘的应对策略：________________

002◇震荡吸筹◇春潮带雨谱：低档多条并列阴线

【股谱原文】

◇股价在低档连日高开低走，连接拉出多条小阴线（一般都在四、五根以上），但实际上并未下跌多少，或者甚至反而有所上升，这也是股价见底的图形之一。虽然股价日日低收，买气仍然受到压制，但每日都是高开，显示多方有上攻欲望，只是力量有限，仍需较长时间集结兵力。本谱在低位连拉小阴，正所谓“春潮带雨晚来急”，看似寒气逼人，但因为已是春天的寒潮，阴雨连绵之后就将是艳阳高照，故称之为“春潮带雨谱”。

◇本谱是股价在低档止跌盘稳的信号，虽然反弹尚待一些时日，却亦正是投资者趁低吸纳的良机，反弹一起，必定获利不菲。

图例 002 ◇震荡吸筹◇春潮带雨谱：低档多条并列阴线

【道破K线天机】实训图谱 002

实训图谱 002

认真观察实训图谱，对照所学习的股谱，把自己的学习心得体会写下来：

（1）股价所在的空间位置：____________________

（2）K 线形态的结构特征：____________________

（3）股价对应的量能结构：____________________

（4）阅读本图的核心要领：____________________

（5）实战操盘的应对策略：____________________

003◇震荡吸筹◇寒江独钓谱：低档横盘中剑形线

【股谱原文】

◇在低档盘整过程中，某一日股价被大幅打低，但收盘仍回到开盘价附近，收出一根极长下影的小 K 线。谱中的长下影往往是某些人有意所为，而且常常都创出历史新低，暗示此股已有人在暗中收集，通过大幅打低，既震荡吸筹，又探明了底部。本谱一般出现在大势极度低迷时期，投资大众尚未对此股加以注意，只有个别有心人在暗中运作，犹如一个渔翁摇着一叶扁舟，独自一人在大雪纷飞的江面上垂钓，故称“寒江独钓谱”。

◇本谱只是一种底部震荡吸筹的图形，真正的发动尚须时日。有货的投资者一定要捂紧自己的筹码，千万不要被轻易震仓出局。忍得一时寂寞，成就日后辉煌。无货的投资者则不必急于入货，可等入庄主力正式发动行情（放大量、拉大阳）时及时介入。

图例 003　◇震荡吸筹◇寒江独钓谱：低档横盘中剑形线

【道破K线天机】实训图谱003

实训图谱003

认真观察实训图谱，对照所学习的股谱，把自己的学习心得体会写下来：

（1）股价所在的空间位置：________________________

（2）K线形态的结构特征：________________________

（3）股价对应的量能结构：________________________

（4）阅读本图的核心要领：________________________

（5）实战操盘的应对策略：________________________

004◇震荡吸筹◇新燕啄春谱：低档横盘中弓形线

【股谱原文】

◇股价滑落至低档后，投资大众一般都抱持“死猪不怕开水烫”的心态，不会轻易出脱手中持股。为了以尽可能低廉的建仓成本获得尽可能多的筹码，主力机构只有通过拉高股价，才能将中小投资者手中的筹码骗出来。表现在K线图上，则是某一日股价在盘中被大幅拉高，然后又滑落回开盘价附近收市，从而留下长长的上影线。而机构通过大幅拉高所获得的低价筹码，又可用于日后打压股价，以清洗意志不坚定者手中的浮码。本谱为机构拉高建仓的图形，犹如寒冬过后北归的春燕，正忙于啄来泥土、树叶等建造新巢，暗示大地已经回春，正所谓“几处早莺争暖树，谁家新燕啄春泥”，故称“新燕啄春谱”。

◇本谱是机构拉高建仓的明显信号，投资者应耐心等待机构主力日后的大幅拉抬，不要为其后的盘整失去耐心。由于本谱多出现在原始底部区域，故股价越往下打压，越应该逢低吸纳，千万不要被震出手中的筹码。

图例004 ◇震荡吸筹◇新燕啄春谱：低档横盘中弓形线

【道破 K 线天机】实训图谱 004

实训图谱 004

认真观察实训图谱，对照所学习的股谱，把自己的学习心得体会写下来：

（1）股价所在的空间位置：______________________________

（2）K 线形态的结构特征：______________________________

（3）股价对应的量能结构：______________________________

（4）阅读本图的核心要领：______________________________

（5）实战操盘的应对策略：______________________________

005◇震荡吸筹◇南天一柱谱：低档横盘中下跳大阳线

【股谱原文】

◇在低档横盘整理过程中，股价以巨大的向下跳空缺口（往往是当天的最低价）开盘，随后即快速向上，回到前一日收盘价附近收盘，从而在K线图上留下一根实体很长的大阳柱。此谱也是机构大户震仓吸货的明显信号，故其后股价即归于平静，继续进行横向整理。但该大阳线通过大幅低开，已经探明底部，股价在正常情况下很难真正下跌至盘价之下，犹如南天一柱，挺立在祖国的南部海疆，经受住汹涌浪潮的不断冲击，守卫着祖国的神圣领土，故称“南天一柱谱”。

◇本谱既是主力机构震荡吸筹的信号之一，投资者即应小心捂紧自己手中的筹码，以免被震仓出局。相反，如资金允许，应及早加码买入。即使一时被套，一般不久即可在庄家的拉抬之下解套并获利。

图例005 ◇震荡吸筹◇南天一柱谱：低档横盘中下跳大阳线

【道破 K 线天机】实训图谱 005

实训图谱 005

认真观察实训图谱，对照所学习的股谱，把自己的学习心得体会写下来：

（1）股价所在的空间位置：______________________________

（2）K 线形态的结构特征：______________________________

（3）股价对应的量能结构：______________________________

（4）阅读本图的核心要领：______________________________

（5）实战操盘的应对策略：______________________________

006◇震荡吸筹◇春潮暗涌谱：低档横盘中上跳大阴线

【股谱原文】

◇股价在低档长期横盘，某一日突然大幅向上跳空开盘，随后逐渐向下回落，回到其横盘区域内收市。其后股价仍然波澜不兴，继续维持横盘格局。此种图形是主力机构试盘之所为，表明已有主力在暗中收集，股价将要开始反弹，就好像早春时节，虽然天气仍然十分寒冷，但春潮已在暗中涌动一样，故称“春潮暗涌谱”。

◇本谱是市场主力在低位边收集边试盘的信号，但主力的收集仍需一段时间，故有货的投资者应坚持抗战，无货的投资者则不必急于介入，可等主力放量拉高时再及时入货。

图例 006 ◇震荡吸筹◇春潮暗涌谱：低档横盘中上跳大阴线

【道破K线天机】实训图谱006

实训图谱006

认真观察实训图谱，对照所学习的股谱，把自己的学习心得体会写下来：

（1）股价所在的空间位置：____________________

（2）K线形态的结构特征：____________________

（3）股价对应的量能结构：____________________

（4）阅读本图的核心要领：____________________

（5）实战操盘的应对策略：____________________

第二节　底部突破定式

007◇底部突破◇如箭在弦谱：低档横盘末期弓形线

【股谱原文】

◇股价在低档经过长时间盘整，底部已经十分扎实。某一日，股价在盘中被大幅拉高，尾市又回落至较低位收盘，从而在日线图上留下一条长上影阳线。长长的上影乃主力试盘所为，意味着主力的收集已经完成，即将开始拉抬。次日如放量拉出大中阳线突破向上，即可确认反弹开始。本谱的图形看起来如箭在弦，多头的攻势一触即发，故称“如箭在弦谱”。

◇本谱一般为反转行情的启动信号，投资者应尽早杀入，享受庄家抬轿的乐趣，获取翻番以上的超额利润。

图例007　◇底部突破◇如箭在弦谱：低档横盘末期弓形线

【道破 K 线天机】实训图谱 007

实训图谱 007

认真观察实训图谱，对照所学习的股谱，把自己的学习心得体会写下来：

（1）股价所在的空间位置：________________

（2）K 线形态的结构特征：________________

（3）股价对应的量能结构：________________

（4）阅读本图的核心要领：________________

（5）实战操盘的应对策略：________________

008◇底部突破◇春江水暖谱：低档横盘末期剑形线

【股谱原文】

◇股价在低档长期窄幅盘整后，底部已经盘实，了无下跌动力。部分敏感的投资者隐约感觉到市势的回暖，开始趁低吸纳，使得股价开始缓慢向上。某一日，股价在正常开盘后被大幅打低至空前低位，但收盘价仍距开盘价不远。此种图形为主力机构拉抬前的最后一次震仓，其后股价必反转向上。通过大幅打低，庄家已探明此股的底部所在，犹如早春江河里的鸭子，最早测知水温的高低，故称“春江水暖谱”。

◇本谱也是原始多头行情的启动信号，股价将长期走牛，投资者应尽早入货并捂紧手中的筹码，不为小利所动。

图例 008 ◇底部突破◇春江水暖谱：低档横盘末期剑形线

【道破K线天机】实训图谱008

实训图谱008

认真观察实训图谱，对照所学习的股谱，把自己的学习心得体会写下来：

（1）股价所在的空间位置：____________________

（2）K线形态的结构特征：____________________

（3）股价对应的量能结构：____________________

（4）阅读本图的核心要领：____________________

（5）实战操盘的应对策略：____________________

009◇底部突破◇红日喷薄谱：低档横盘末期大阳突破

【股谱原文】

◇股价经长时间横盘整理后，底部已经构筑得十分坚实，向上突破只是时机问题。果然，某一日股价被放量拉抬，以长阳报收，其收市价已经高过此前横盘区域的所有价位，创出近期新高。从图形上看，其前的横盘区域因价位相差无几，基本处于同一水平上，就好像地平线一样。而谱中的带量长阳犹如一轮红日从海面上喷薄而出，冉冉上升，故称“红日喷薄谱”。

◇本谱是低档长期盘整后的突破信号，由于整理时间很长，所有的浮筹已清洗得七七八八，故一旦突破，便势不可挡。投资者应在大阳突破局势已定时及早跟进，至迟在第二日即须杀入。若下手太迟，势必坐失一大段利润。

图例 009　◇底部突破◇红日喷薄谱：低档横盘末期大阳突破

【道破K线天机】实训图谱009

实训图谱009

认真观察实训图谱，对照所学习的股谱，把自己的学习心得体会写下来：

（1）股价所在的空间位置：________________

（2）K线形态的结构特征：________________

（3）股价对应的量能结构：________________

（4）阅读本图的核心要领：________________

（5）实战操盘的应对策略：________________

010◇底部突破◇气吞万里谱：小幅盘落后大阳向上

【股谱原文】

◇股价在低档持续小幅无量滑落，某一日正常开盘后拔地而起，报收大阳线（一般以涨停价收市），统吃此前近 10 条 K 线，成交亦放出巨量。此种图形往往是受某些突发性消息（不一定是已公布的消息）的刺激，主力机构匆匆忙忙拉高建仓的表现。由于此巨量长阳来势凶猛，一举扭转颓势，正如古诗所言“金戈铁马，气吞万里如虎”，故称之为“气吞万里谱”。

◇本谱乃极为强烈的转向信号，爆发力极强。其后股价或顺势上攻，或在大阳柱上方略做整理后再行上攻，攻击力都不可小视。投资者应尽早跟进，不可放过此种千载难逢的获利良机。

图例 010 ◇底部突破◇气吞万里谱：小幅盘落后大阳向上

【道破K线天机】实训图谱010

实训图谱010

认真观察实训图谱，对照所学习的股谱，把自己的学习心得体会写下来：

（1）股价所在的空间位置：____________________

（2）K线形态的结构特征：____________________

（3）股价对应的量能结构：____________________

（4）阅读本图的核心要领：____________________

（5）实战操盘的应对策略：____________________

011◇底部突破◇三阳开泰谱：低档横盘末期红三兵

【股谱原文】

◇股价在低档经过较长时间的整理之后，连续走出三根小阳线，形成“红三兵”走势，这是一波行情启动的信号，股价将向上扬升。本谱中三根小阳线的收盘价逐日向上移动，且多半属于当天的较高价位，武士勇往直前的形象跃然纸上，底部趋升的形势甚为明显，故称“三阳开泰谱”。

◇本谱也是低档突破向上的信号，但相对而言，本谱中股价的上升速度比较缓慢，也比较稳定，没有差价可做，一般要在接近一波次级行情的尾声时才会出现加速的走势，故投资者应耐心捂筹，做足波段行情。

图例 011　◇底部突破◇三阳开泰谱：低档横盘末期红三兵

【道破K线天机】实训图谱011

实训图谱011

认真观察实训图谱，对照所学习的股谱，把自己的学习心得体会写下来：

（1）股价所在的空间位置：________________

（2）K线形态的结构特征：________________

（3）股价对应的量能结构：________________

（4）阅读本图的核心要领：________________

（5）实战操盘的应对策略：________________

第三节　低位反弹定式

012◇低位反弹◇千里冰封谱：低档急跌三大阴

【股谱原文】

◇股价连番下挫，空方疯狂肆虐，在低档连拉三条大阴线，这是股价即将陷入短期谷底的先兆，行情将改由多头主控，反弹向上。本谱的三根大阴线显示空方的抛盘如潮水般咆哮而至，多头闻风丧胆，一触即溃。但由于短期内跌幅甚巨，空头缺少后援部队，正所谓物极必反，祸福相依，在极端弱势之中反弹将生，正如三九严寒时节，千里冰封、万里雪飘，但春天的脚步却已临近，故称“千里冰封谱”。

◇本谱乃股价短期见底的征兆，由于底部未能盘实，故只能当作反弹对待。

图例 012　◇低位反弹◇千里冰封谱：低档急跌三大阴

【道破K线天机】实训图谱012

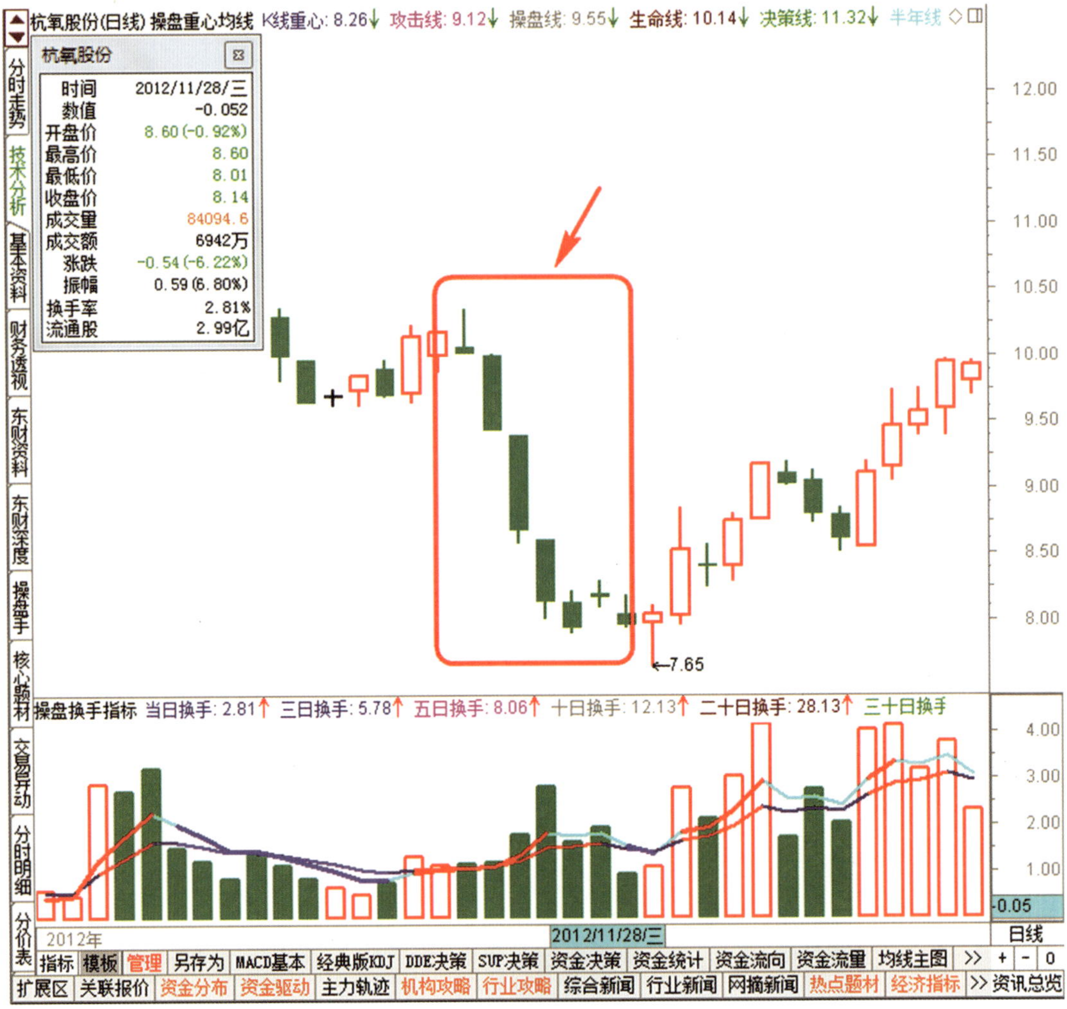

实训图谱012

认真观察实训图谱，对照所学习的股谱，把自己的学习心得体会写下来：

（1）股价所在的空间位置：____________________

（2）K线形态的结构特征：____________________

（3）股价对应的量能结构：____________________

（4）阅读本图的核心要领：____________________

（5）实战操盘的应对策略：____________________

013◇低位反弹◇龙宫探宝谱：三空阴线

【股谱原文】

◇股价加速下挫，在低档连续三次跳空收出阴线，这是多头即将死绝、股价将要止跌的信号。股谚有云："多头不死，跌势不止"，因而此时股价反弹的可能性较大。本谱中股价一泻千里，似乎是要直下龙宫向龙王索取宝物一样，故称"龙宫探宝谱"。

◇本谱虽为比较强烈的反弹信号，但其最终的下跌幅度深不可测，投资者在应付时应慎之又慎，不要轻易介入抢反弹，以免被股价的惯性下挫所伤害。只有当股份放量收阳，并开始回补最后一个跳空缺口（即底部缺口），才是比较稳妥的介入时机。

图例 013　◇低位反弹◇龙宫探宝谱：三空阴线

【道破K线天机】实训图谱013

实训图谱013

认真观察实训图谱，对照所学习的股谱，把自己的学习心得体会写下来：

（1）股价所在的空间位置：____________________

（2）K线形态的结构特征：____________________

（3）股价对应的量能结构：____________________

（4）阅读本图的核心要领：____________________

（5）实战操盘的应对策略：____________________

014◇低位反弹◇晨星启明谱：低档急跌后下跳十字星

【股谱原文】

◇在大跌行情中，股价在低档连续收出大中阴线，次日跳空开出十字星，暗示卖方已在犹豫，无力继续打压股价。如第三日即出现一根力度较大的阳线，就表明多头已控制住局面，即将展开一轮上攻。十字星本为转折线，本谱的十字星犹如启明的晨星，召唤着新一天的到来，意味着股价筑底已经完成，乃反弹之征兆，故称“晨星启明谱”。

◇本谱中最后一根大中阳线是对转势的确认，投资者为确保安全，可不必在十字星出现的当日买入，而在次日基本确定能走出大中阳线时及时介入。

图例014　◇低位反弹◇晨星启明谱：低档急跌后下跳十字星

【道破K线天机】实训图谱014

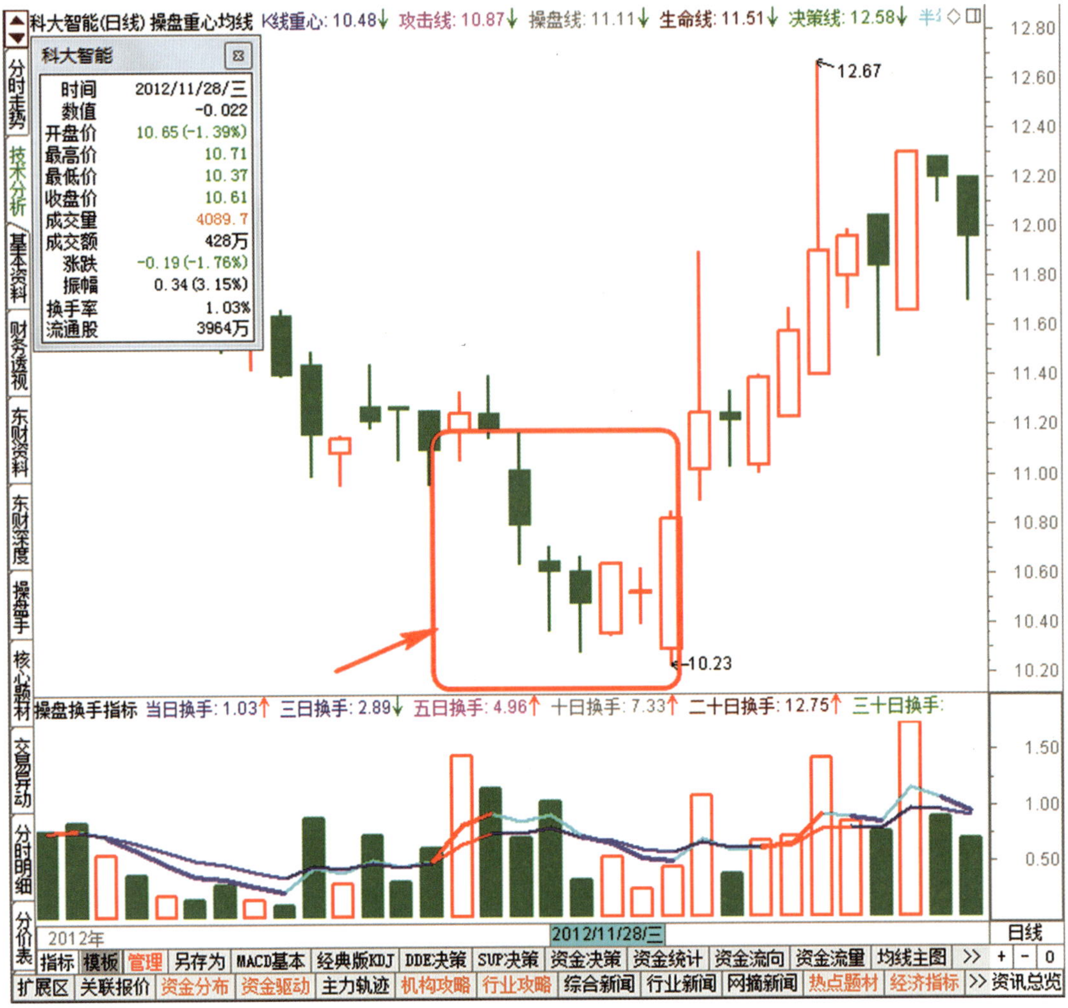

实训图谱014

认真观察实训图谱，对照所学习的股谱，把自己的学习心得体会写下来：

（1）股价所在的空间位置：________________

（2）K线形态的结构特征：________________

（3）股价对应的量能结构：________________

（4）阅读本图的核心要领：________________

（5）实战操盘的应对策略：________________

015◇低位反弹◇扬眉出鞘谱：低档急跌后下跳剑形线

【股谱原文】

◇股价深幅下挫，在低档收出大中阴线，次日向下跳空拉出一根打桩线，即为买进信号，若无重大利空，必有反弹。当日行情多为低开低走，但在低档已有主力大量承接，支撑十分强劲，故而收出长长的下影线。第三日若开出高盘，则可视为反弹的开始。本谱K线的长下影前后皆无遮掩，犹如宝剑已经出鞘，即将斩妖伏魔，故称“扬眉出鞘谱”。

◇本谱的长下影K线一般伴有成交量的轻微放大，故可视为可信度较高的买入信号。但本谱仅为连续下挫下的买进信号，并不表示股价已经盘实，故只应先将其作为反弹来处理。投资者为安全起见，也可等行情确实开始反弹回升时再介入。

图例015　◇低位反弹◇扬眉出鞘谱：低档急跌后下跳剑形线

【道破K线天机】实训图谱015

实训图谱015

认真观察实训图谱，对照所学习的股谱，把自己的学习心得体会写下来：

（1）股价所在的空间位置：____________________

（2）K线形态的结构特征：____________________

（3）股价对应的量能结构：____________________

（4）阅读本图的核心要领：____________________

（5）实战操盘的应对策略：____________________

016◇低位反弹◇弯弓射雕谱：低档急跌后下跳弓形线

【股谱原文】

◇股价在低档加速下跌，收出一根向下跳空的弓形线，如果第二天能够开出高盘，则表明股价已经短期见底，即将开始反弹。本谱是在低位跳空向下的弓形线，箭尖向上高高耸起，此种图形往往意味着多头不再只是完全的被动挨打，而是已经开始了防守反击，虽然暂时仍然受到空头猛烈火力的压制，但只要再积蓄一定的力量，反攻就将如期展开，犹如英勇的猎手已经弯弓搭箭，对准了半空高飞的大雁，故称“弯弓射雕谱”。

◇本谱是低档急挫后的定式之一，其后的反弹有可能比较迅速，故大胆的投资者可在收出下跳弓形线当天的尾市入货，其他股民则可等第二天股价高开并放量走高时再行介入，虽然入货的点位要稍高一些，但其安全性也大得多。

图例 016　◇低位反弹◇弯弓射雕谱：低档急跌后下跳弓形线

【道破K线天机】实训图谱016

实训图谱016

认真观察实训图谱，对照所学习的股谱，把自己的学习心得体会写下来：

（1）股价所在的空间位置：________________

（2）K线形态的结构特征：________________

（3）股价对应的量能结构：________________

（4）阅读本图的核心要领：________________

（5）实战操盘的应对策略：________________

017◇低位反弹◇残寒消尽谱：低档急跌后尽头阴线

【股谱原文】

◇股价在低档收出长下影阴线，次日再收一条阴线，但此阴线未能突破前一日阴线的下影，暗示空头力竭，买方即将展开反攻。本谱最后一根阴线完全孕育在前一根阴线的下影之中，犹如连绵不断的春雨已经越下越小，残寒即将消褪，很快就会雨过天晴，艳阳高照，故称“残寒消尽谱”。

◇本谱是股价中短期见底的信号，一般在出现长下影的第三天即可买入。

图例017 ◇低位反弹◇残寒消尽谱：低档急跌后尽头阴线

【道破K线天机】实训图谱017

实训图谱017

认真观察实训图谱，对照所学习的股谱，把自己的学习心得体会写下来：

（1）股价所在的空间位置：________________

（2）K线形态的结构特征：________________

（3）股价对应的量能结构：________________

（4）阅读本图的核心要领：________________

（5）实战操盘的应对策略：________________

018◇低位反弹◇金鸡报晓谱：低档急跌后独阳线

【股谱原文】

◇在股价持续滑落过程中，某一日大幅向下跳空开盘，但得不到多空双方的共同认可，股价被快速拉升回前一日收盘价附近并收盘。此谱实质上是主力机构通过大幅低开以探明底部，从而引领股价向上反弹。其中的低开长阳即是反弹信号，犹如黑暗中的雄鸡引吭高歌，召唤着黎明的到来，故谓之“金鸡报晓谱”。

◇本谱为股价震荡探底的图形之一，如无重大利空，短期内很难再打至低开时探出的底价。若稍后数日内出现带量的大中阳线，即可确认反弹开始。投资者为安全起见，亦可等确认后再行介入。

图例 018　◇低位反弹◇金鸡报晓谱：低档急跌后独阳线

【道破K线天机】实训图谱018

实训图谱018

认真观察实训图谱，对照所学习的股谱，把自己的学习心得体会写下来：

（1）股价所在的空间位置：________________

（2）K线形态的结构特征：________________

（3）股价对应的量能结构：________________

（4）阅读本图的核心要领：________________

（5）实战操盘的应对策略：________________

019◇低位反弹◇顾影自怜谱：低档急跌后独阴线

【股谱原文】

◇股价加速下行，在低档连拉中长阴线，恐慌盘的涌出导致最后竟跳空拉出大阴线，第二天市势急转直上，直接跳高至前一日大阴的开盘价之上开市，盘中虽有可能回探低位，但收盘价仍在前一日的开盘价之上，留下一条前后皆无 K 线的大阴线，此阴线犹如远方的游子倍感孤单，故称“顾影自怜谱”。

◇本谱是股价急跌后的强烈反弹信号。空头由于过分轻敌，长驱直入，如入无人之境，转眼却是全军覆没。本谱独大阴次日的小 K，线即是空方的“滑铁卢”，投资者必须立即调转枪口，加入多头战线。

图例 019 ◇低位反弹◇顾影自怜谱：低档急跌后独阴线

【道破 K 线天机】实训图谱 019

实训图谱 019

认真观察实训图谱，对照所学习的股谱，把自己的学习心得体会写下来：

（1）股价所在的空间位置：________

（2）K 线形态的结构特征：________

（3）股价对应的量能结构：________

（4）阅读本图的核心要领：________

（5）实战操盘的应对策略：________

020◇低位反弹◇朝阳掩月谱：低档急跌后阳包阴

【股谱原文】

◇在连续下挫行情中，空方全力打压，在低档收出中长阴线，由于短期内下跌过快，空头战线拉得太长，补给不济，终于遭到多头拼死抵抗，稍低开盘后即转盘向上，以接近当日最高价收盘，将前一日的阴线完全包住，给了空头有力一击。本谱的前一根阴线犹如下弦月还挂在空中，后一条大阳线却已如朝阳从东方升起，将一轮残月的光辉尽数掩盖，故称“朝阳掩月谱”。

◇在本谱中，空头看似气势汹汹，谁知却是色厉内荏，不堪一击。本谱出现后，部分原先的空头看到势头不妙，往往阵前反戈相向，故很容易形成 V 形走势，投资者应尽早介入。

图例 020　◇低位反弹◇朝阳掩月谱：低档急跌后阳包阴

【道破 K 线天机】实训图谱 020

实训图谱 020

认真观察实训图谱，对照所学习的股谱，把自己的学习心得体会写下来：

（1）股价所在的空间位置：________________

（2）K 线形态的结构特征：________________

（3）股价对应的量能结构：________________

（4）阅读本图的核心要领：________________

（5）实战操盘的应对策略：________________

021◇低位反弹◇春寒倒灌谱：低档急跌后最后包容阴线

【股谱原文】

◇股价持续下挫，在低档接连收出四、五根中大阴线后出现一根小阳线，但次日马上被一根大阴线（阴包阳或下拖线）所吞没，这暗示股价已到底部，即将开始反弹。谱中的小阳线犹如寒冬过后的太阳，刚给大地带来一丝暖意，最后一根大阴则好像早春的寒潮一样，把这点暖意驱散得一丝不留。但寒潮虽然寒气逼人，却始终无法阻挡住春天的脚步，谱中的空头最后虽然也是倾巢而出，却无法阻止多头的反攻，故称“春寒倒灌谱”。

◇本谱看似极端弱势，实质上却是想杀出的抛盘均已出尽。正所谓祸福相依，行情的转机就正是在空头极强之时。投资者应冷静观察和分析此时的价量变化情况，大胆入市，最好是分批建仓，以策安全。但此时即使被套也只是暂时的。

图例 021 ◇低位反弹◇春寒倒灌谱：低档急跌后最后包容阴线

【道破K线天机】实训图谱021

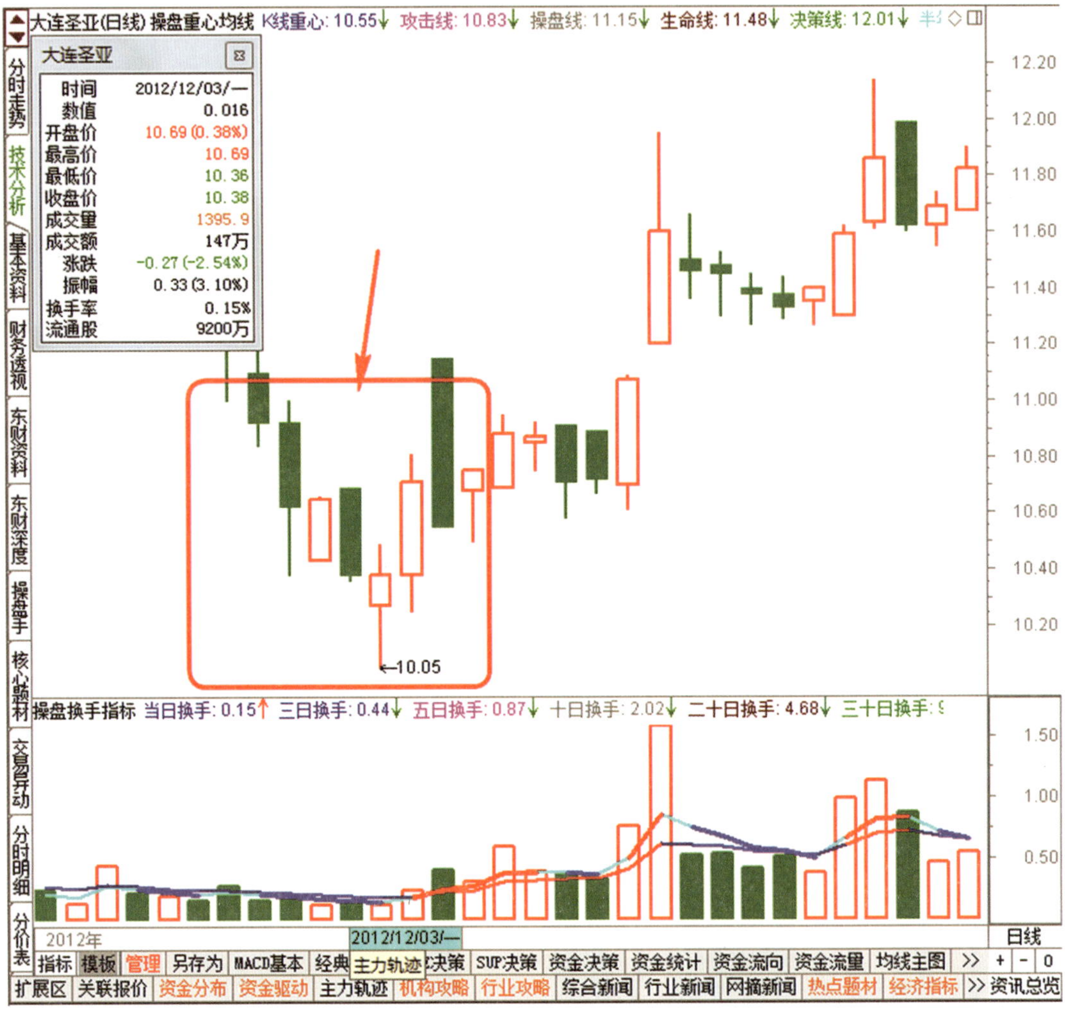

实训图谱021

认真观察实训图谱，对照所学习的股谱，把自己的学习心得体会写下来：

（1）股价所在的空间位置：________________

（2）K线形态的结构特征：________________

（3）股价对应的量能结构：________________

（4）阅读本图的核心要领：________________

（5）实战操盘的应对策略：________________

022◇低位反弹◇晓色云开谱：低档急跌后阴孕阳

【股谱原文】

◇在连续下挫行情中，股价在低档收出大阴，空方大获全胜。次日本应乘胜追击，却不料被多头打了个措手不及，以高价开盘。卖方虽然全力压制，却已力不从心，无力将股价打至前一收盘价之下，最终以红盘报收。本谱前后两日的 K 线构成阴孕阳组合，犹如雨后虽然乌云满天，却已遮不住太阳的光芒，正所谓“晓色云开，春随人意，骤雨才过还晴”，故称“晓色云开谱”。

◇本谱是低档反弹的信号，但反弹的力度取决于成交量的配合以及第三日的市况。若收阳的当日成交量有效放大，则反弹信号更加可靠。另外，若第三日能放量收阳，吃掉前一根大阴，则反弹就此展开，缩量收阴则尚需多观察几天。

图例 022 ◇低位反弹◇晓色云开谱：低档急跌后阴孕阳

【道破 K 线天机】实训图谱 022

实训图谱 022

认真观察实训图谱，对照所学习的股谱，把自己的学习心得体会写下来：

（1）股价所在的空间位置：________________

（2）K 线形态的结构特征：________________

（3）股价对应的量能结构：________________

（4）阅读本图的核心要领：________________

（5）实战操盘的应对策略：________________

023◇低位反弹◇珠帘半卷谱：低档急跌后阴孕阴

【股谱原文】

◇在下跌行情中，股价在低档收出大阴线，次日空方继续发力，再拉一条小阴线，但此小阴线却完全孕育在前一条大阴线内，虽然仍是高开低走，空方却已无力将股价打下一个台阶，显示短期内抛盘出尽，行情有转盘的迹象。本谱的图形看起来就像卷帘一般，而透过那半卷的珠帘，已经可以隐约感知春天的信息，正所谓“闹花深处楼台，画帘半卷东风软”故之称为“珠帘半卷谱”。

◇本谱乃低档止跌的信号，能否马上展开反弹及反弹的力度如何，要看成交量的配合情况。简单地说，就是有量就反弹，无量则横盘。哪天能放量收阳，则可视为反弹的开始。故投资者可趁股价在低档横盘里耐心吸纳。

图例023　◇低位反弹◇珠帘半卷谱：低档急跌后阴孕阴

【道破 K 线天机】实训图谱 023

实训图谱 023

认真观察实训图谱，对照所学习的股谱，把自己的学习心得体会写下来：

（1）股价所在的空间位置：________________

（2）K 线形态的结构特征：________________

（3）股价对应的量能结构：________________

（4）阅读本图的核心要领：________________

（5）实战操盘的应对策略：________________

024◇低位反弹◇寒梅报春谱：低档急跌后阴孕十字星

【股谱原文】

◇股价在低档拉出大阴线，次日却只能收出一根孕育在大阴线实体之中的小星星，显示空头已经弹尽粮绝，局面将改由多头主控，股价即将反弹。谱中的孕星犹如数九寒冬绽放的一点红梅，“只把春来报”，故称“寒梅报春谱”。

◇本谱是止跌反弹的信号，但反弹的力度要视乎成交量的配合。何时放量走高，即可视为反弹的开始。投资者既可趁低吸纳，也可等放量时及时跟进。

图例 024 ◇低位反弹◇寒梅报春谱：低档急跌后阴孕十字星

【道破K线天机】实训图谱024

实训图谱024

认真观察实训图谱，对照所学习的股谱，把自己的学习心得体会写下来：

（1）股价所在的空间位置：______________________________

（2）K线形态的结构特征：______________________________

（3）股价对应的量能结构：______________________________

（4）阅读本图的核心要领：______________________________

（5）实战操盘的应对策略：______________________________

025◇低位反弹◇草船借箭谱：低档急跌后阴孕弓形线

【股谱原文】

◇股价连番下挫，空头疯狂肆虐，在低档收出大中阴线，但次日并未顺势大幅下滑，相反却走出一根弓形线。此弓形线完全包裹在前一天的阴线之内，显示抛盘已经趋于空尽，多头即将转入反攻。谱中长长的长影线显示多方已有上攻欲望，只因为战备物资不够充分而暂且退回，而该弓形线被包孕在一根大中阴线之中，犹如诸葛亮草船借箭，万事俱备，只欠东风，故称“草般借箭谱”。

◇本谱的弓形线为转势信号。虽然仍有抛盘涌出，导致尾市低收，但多头已经小试牛刀，显示市势已有转折的可能。投资者可不必担心空头的最后一击，应趁低吸纳。如第三天能走出大中阴线，更是对转势的确认。一经出现，便须及早介入。

图例 025 ◇低位反弹◇草船借箭谱：低档急跌后阴孕弓形线

【道破 K 线天机】实训图谱 025

实训图谱 025

认真观察实训图谱，对照所学习的股谱，把自己的学习心得体会写下来：

（1）股价所在的空间位置：________________

（2）K 线形态的结构特征：________________

（3）股价对应的量能结构：________________

（4）阅读本图的核心要领：________________

（5）实战操盘的应对策略：________________

026◇低位反弹◇宝剑夜鸣谱：低档急跌后阴孕剑形线

【股谱原文】

◇股价在低位加速下挫，收出中大阴线，第二天不但未能顺势低开，反而跳高至前一阴线实体的上端开盘，空头虽然全力打压，使股价向下滑落，但始终无法稳住阵脚，尾市时仍被买方拉至当天的较高位收盘，拉出一根孕育在前一阴线实体之内的剑形线，表明空头的抛盘已经十分有限，股价即将止跌反弹。本谱的图形看上去就像是匣中的宝剑在夜深人静之时铮然作响。誓欲斩妖除魔，不见血不会罢休，故称“宝剑夜鸣谱”。

◇本谱是低档急跌后的反弹信号，但反弹的力度还须视乎成交量的配合情况，投资者可适量参与。

图例 026　◇低位反弹◇宝剑夜鸣谱：低档急跌后阴孕剑形线

【道破K线天机】实训图谱026

实训图谱026

认真观察实训图谱，对照所学习的股谱，把自己的学习心得体会写下来：

（1）股价所在的空间位置：________________

（2）K线形态的结构特征：________________

（3）股价对应的量能结构：________________

（4）阅读本图的核心要领：________________

（5）实战操盘的应对策略：________________

027◇低位反弹◇春光半露谱：低档急跌后切入线

【股谱原文】

◇股价快速下挫，在低档收出大中阴线，次日却遇多方奋力抵抗，低开高走，反收一根中长阳线。此阳线的收盘价至少位于前一条阴线的中心值附近，多方收复了前一日失去的大部分阵地。如果第三日继续收阳，则可确认反弹的开始。犹如早春时节，沉沉的暮霭即将散去，明媚的春光就要展现在人们的眼前，故谓之“春光半露谱”。

◇为确保安全，投资者最好等第三日收出阳线时再择机入市。由于缺少底部盘整，此种图形几乎不可能出现在原始下跌行情的底部，而往往是中级或次级下调行情的反弹信号，一般不要恋战。不过，如果成交能同步放大，也可能是一波中级行情的开始。

图例 027　◇低位反弹◇春光半露谱：低档急跌后切入线

【道破 K 线天机】实训图谱 027

实训图谱 027

认真观察实训图谱，对照所学习的股谱，把自己的学习心得体会写下来：

（1）股价所在的空间位置：＿＿＿＿＿＿＿＿＿＿＿＿＿＿＿＿

（2）K 线形态的结构特征：＿＿＿＿＿＿＿＿＿＿＿＿＿＿＿＿

（3）股价对应的量能结构：＿＿＿＿＿＿＿＿＿＿＿＿＿＿＿＿

（4）阅读本图的核心要领：＿＿＿＿＿＿＿＿＿＿＿＿＿＿＿＿

（5）实战操盘的应对策略：＿＿＿＿＿＿＿＿＿＿＿＿＿＿＿＿

028◇低位反弹◇天堑通途谱：低档急跌后阴夹阳

【股谱原文】

◇股价在低位跌势加速，收出中大阴线，次日多方奋起反击，还以颜色，以中大阳线报收（与前一天的阴线构成阳包阴或阳切阴），第三天空头拼死反扑，又拉出一根中大阴线（覆盖线或包容线），但此阴线只是空方的最后一击，只要其后能收出中阳线，反弹就将开始。本谱中的大阳线夹在两条大阴线之中，犹如一座大桥横架在长江两岸，正所谓“一桥飞架南北 ，天堑变通途”，故称“天堑通途谱”。

◇本谱属低档大幅震荡的走势，多空争夺十分激烈，前三天虽然构成两阴夹一阳的极弱态势，实际上空头只不过是回光返照，投资者不应被空头的汹汹气势所吓倒，反而应大胆入市。

图例 028 ◇低位反弹◇天堑通途谱：低档急跌后阴夹阳

【道破K线天机】实训图谱028

实训图谱028

认真观察实训图谱，对照所学习的股谱，把自己的学习心得体会写下来：

（1）股价所在的空间位置：________________

（2）K线形态的结构特征：________________

（3）股价对应的量能结构：________________

（4）阅读本图的核心要领：________________

（5）实战操盘的应对策略：________________

029◇低位反弹◇弃暗投明谱：低档急跌后上拉线

【股谱原文】

◇股价在低档加速下挫，形成中大阴线，第二天由于某些重大利好消息的影响，股价直接跳高至前一阴线的实体内开盘，并顺势上攻，高收于当天的偏高价位，走出一根实体长大的上拉阳线。这也是股价止跌反弹的信号之一，虽然随后几天股价可能再向下回落，但只要空头无法将这根上拉阳线吃掉，股价就将向上反弹。本谱是原先坚持空头立场的人幡然醒悟，弃暗投明，故称“弃暗投明谱”。

◇本谱也是低档大幅震荡的走势，多空双方全力施为，形势变化极快。由于有消息面的配合，力量的天平自然会向多方倾斜，虽然还需要一些时间来筑底，但要再创新低也是比较困难之事，故投资者应及时改投多头阵营。

图例 029　◇低位反弹◇弃暗投明谱：低档急跌后上拉线

【道破K线天机】实训图谱 029

实训图谱 029

认真观察实训图谱，对照所学习的股谱，把自己的学习心得体会写下来：

（1）股价所在的空间位置：______

（2）K 线形态的结构特征：______

（3）股价对应的量能结构：______

（4）阅读本图的核心要领：______

（5）实战操盘的应对策略：______

030◇低位反弹◇双针探底谱：低档急跌后连拉剑形线

【股谱原文】

◇股价加速下跌后，在低位接连拉出两根剑形线，第三天低开后以稍高价价位收市，且股价波动幅度也在减小，这说明短期内股价下跌空间有限，如果第四天跳高开市则股价将开始反弹。谱中的两根长下影线就像两根探雷针，已基本探明股价的底部，故称为“双针探底谱”。

◇实际上，谱中的第二根长下影是对第一天所探底部的再次试探和确认，当第三天的股价没法再创新低时，投资者即可考虑买入策略。

图例 030 ◇低位反弹◇双针探底谱：低档急跌后连拉剑形线

【道破K线天机】实训图谱 030

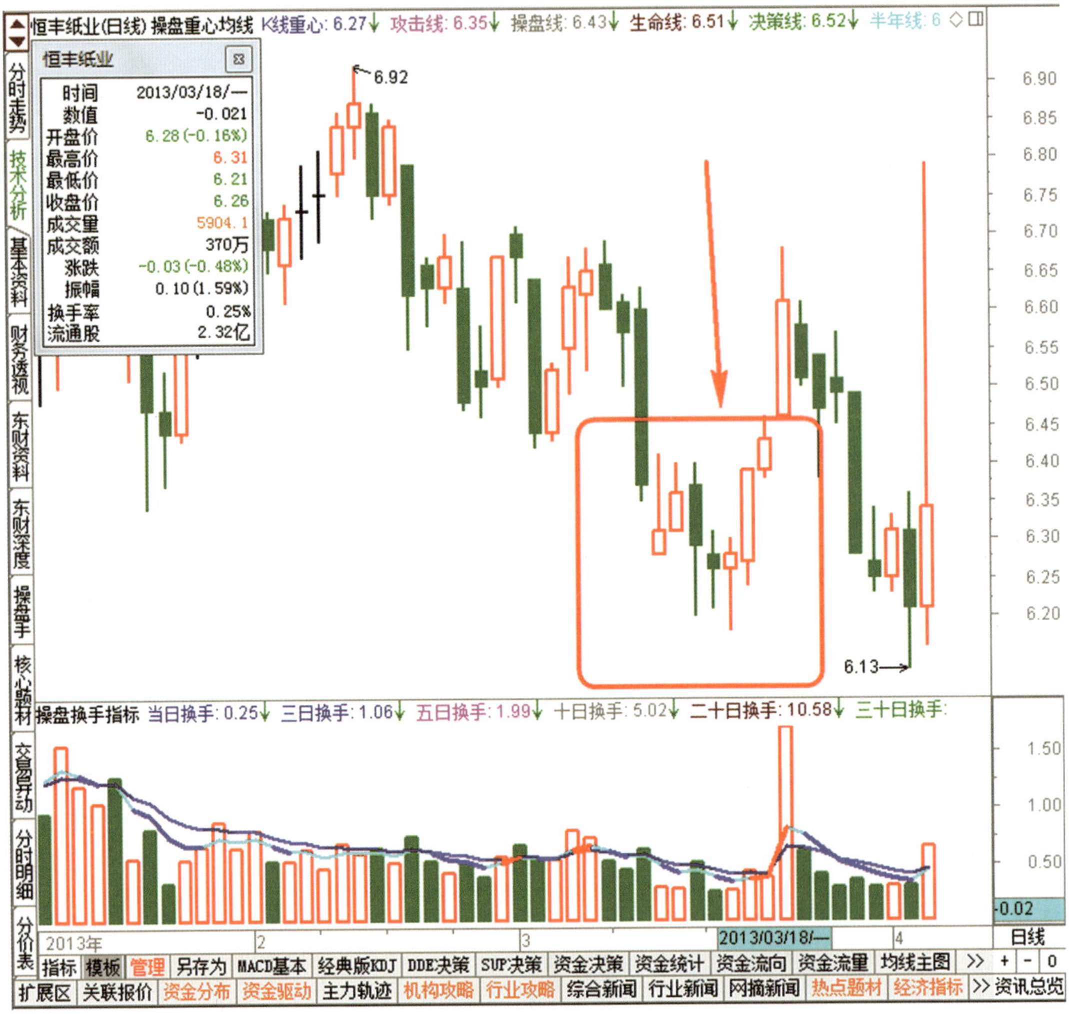

实训图谱 030

认真观察实训图谱，对照所学习的股谱，把自己的学习心得体会写下来：

（1）股价所在的空间位置：________________

（2）K 线形态的结构特征：________________

（3）股价对应的量能结构：________________

（4）阅读本图的核心要领：________________

（5）实战操盘的应对策略：________________

031◇低位反弹◇梅开二度谱：低档二次狙击性阳线

【股谱原文】

◇空头的打压行动在低档遭受到多头的抵抗，股价小幅反弹，随后再次向下滑落，但在接近前次低点的价位上又一次遭到狙击。多头连续再次成功地对空头进行阻截，表明该价位附近已经属于底部区域，逢低接盘力道强劲，股价极有可能走出W底而转入上升趋势。本谱的图形是在低档相近的价区内两次收出狙击性阳线，故称“梅开二度谱”。

◇本谱也是比较可靠的买进信号，投资者可在股价第二次收阳时即采取买入行动，而不必等到股价向上冲击颈线位时再行买入，以免增加不必要的入货成本。

图例 031　◇低位反弹◇梅开二度谱：低档二次狙击性阳线

【道破K线天机】实训图谱031

实训图谱031

认真观察实训图谱，对照所学习的股谱，把自己的学习心得体会写下来：

（1）股价所在的空间位置：____________________

（2）K线形态的结构特征：____________________

（3）股价对应的量能结构：____________________

（4）阅读本图的核心要领：____________________

（5）实战操盘的应对策略：____________________

第二章

高进定式原文及实训模版

第一节　快速上攻定式

032◇快速上攻◇再上层楼谱：上档盘整后大阳突破

【股谱原文】

◇股价随着强而有力的大阳线向上涨升，在高档将稍作休息，横盘整理，等待换手。随着成交量的再次放大，股价又以大阳线向上突破，即可断定另一波涨势又起。本谱的图形犹如登高望远，站得越高，看得越远，正所谓“欲穷千里目，更上一层楼”，故称“再上层楼谱”。

◇本谱乃上档整理后的快速上攻定式，上攻的力度与两个因素有关。一是整理时间的长短，如时间过长，则表示涨升无力，故一般盘整时间不宜超过三个交易周；二是成交量的配合情况，既不能在盘整时过分萎缩，也不能在上攻时放量不够。如果在这两方面都没有问题，则可放胆杀入，在短时间内即可获取一段可观利润。

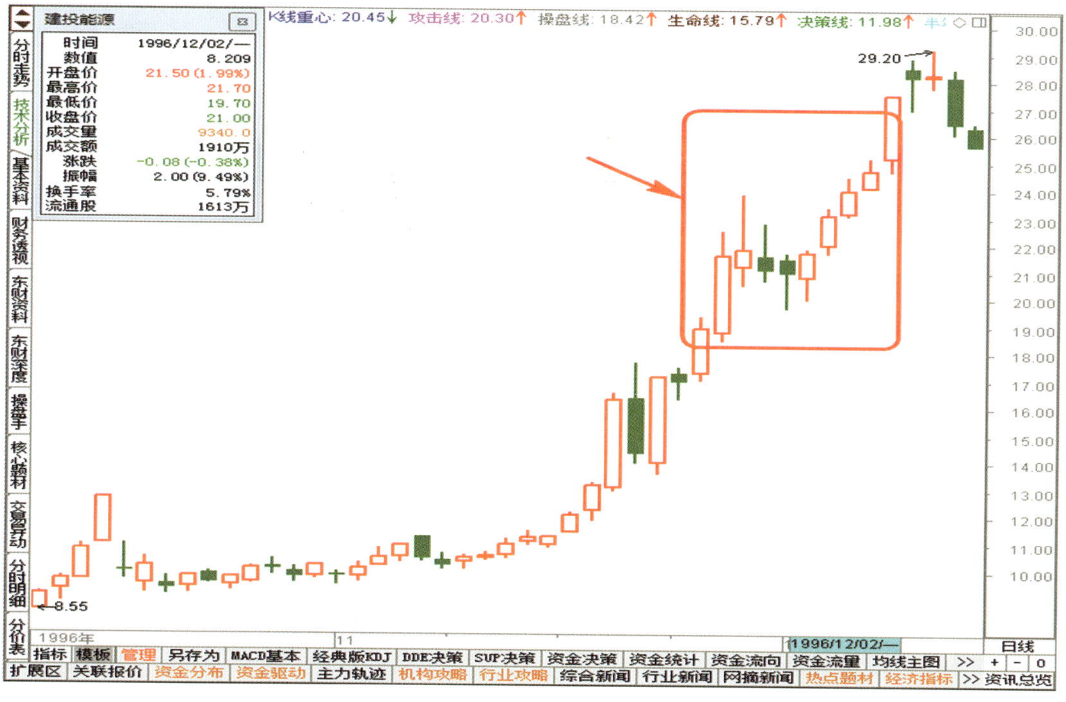

图例 032　◇快速上攻◇再上层楼谱：上档盘整后大阳突破

【道破 K 线天机】实训图谱 032

实训图谱 032

认真观察实训图谱，对照所学习的股谱，把自己的学习心得体会写下来：

（1）股价所在的空间位置：____________________

（2）K 线形态的结构特征：____________________

（3）股价对应的量能结构：____________________

（4）阅读本图的核心要领：____________________

（5）实战操盘的应对策略：____________________

033◇快速上攻◇一片冰心谱：跳高一字线后不补缺

【股谱原文】

◇受重大突发利好的影响，股价跳高以涨停板价开盘，并一直维持至收盘。第二天或高开高走，或高开后小幅回落，但仍留下第一天的巨大缺口不予回补。此种图形暗示多头的上攻极其有力，买方誓不低头，一心向上，正是“洛阳亲友如相问，一片冰心在玉壶”，故称“一片冰心谱”。

◇投资者应认真分析突发利好的实质内容，细心观察一字线出现后次日的股价走势，如空头确实无力回补缺口（即起码留下该缺口的一半以上未能补完），即可追买介入，坐上顺风船。一般来说，如果是在中低档出现本谱，往往都可以顺势而为；而如果是在高档走出本谱，则要认真观察，小心为上。

图例 033　◇快速上攻◇一片冰心谱：跳高一字线后不补缺

【道破K线天机】实训图谱033

实训图谱033

认真观察实训图谱，对照所学习的股谱，把自己的学习心得体会写下来：

（1）股价所在的空间位置：________________

（2）K线形态的结构特征：________________

（3）股价对应的量能结构：________________

（4）阅读本图的核心要领：________________

（5）实战操盘的应对策略：________________

034◇快速上攻◇千帆竞渡谱：二次高开阳线

【股谱原文】

◇股价跳空而上，形成阳线，第二天再次跳高开盘，且高走高收，此图形为多方占尽优势的走势，表明空头在多方的强力攻击下已溃不成军，股价将快速上行，连拉阳线，看上去就象千帆竞渡一样，故称“千帆竞渡谱”。

◇投资者应认真观察第二天高开后的走势，如股价在成交量的配合下顺势高走，即可及早介入，顺水推舟。

图例 034 ◇快速上攻◇千帆竞渡谱：二次高开阳线

【道破K线天机】实训图谱034

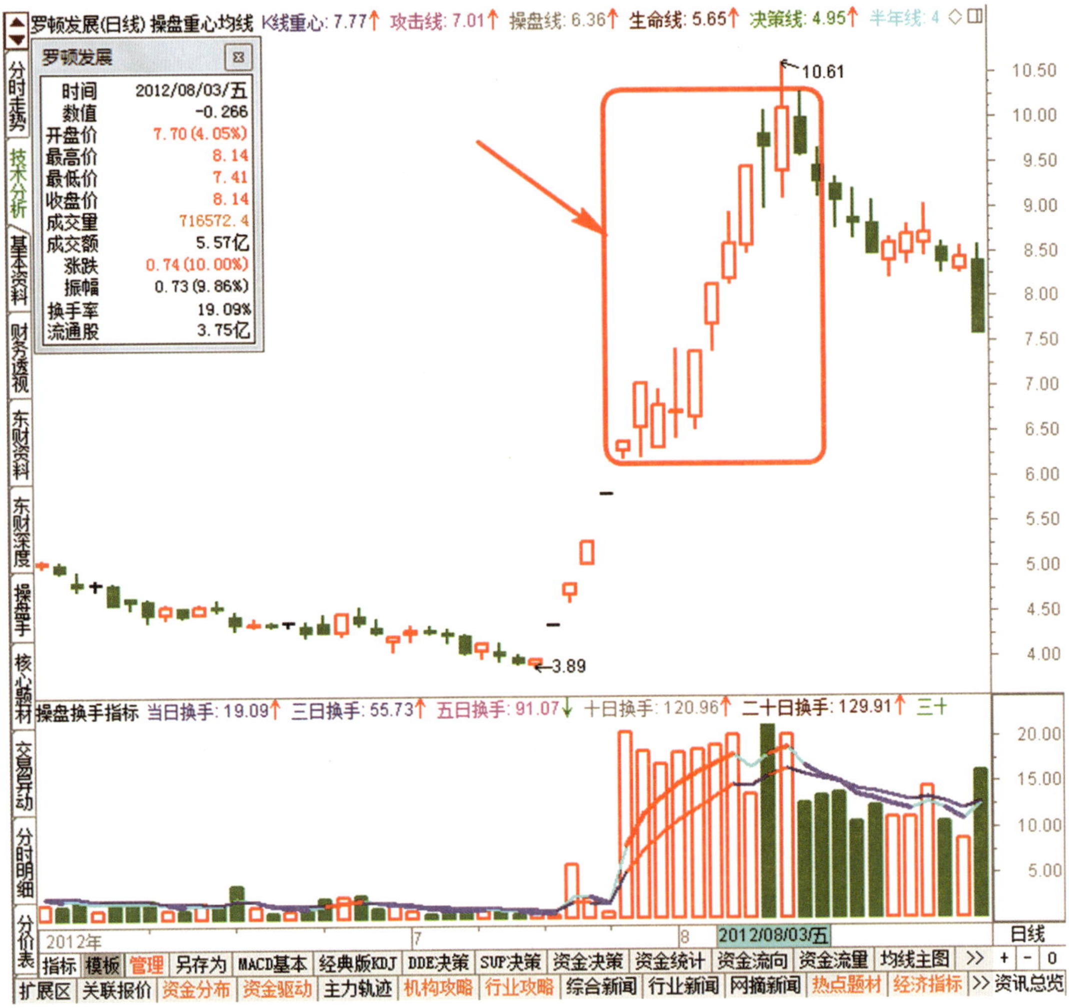

实训图谱034

认真观察实训图谱，对照所学习的股谱，把自己的学习心得体会写下来：

（1）股价所在的空间位置：________________

（2）K线形态的结构特征：________________

（3）股价对应的量能结构：________________

（4）阅读本图的核心要领：________________

（5）实战操盘的应对策略：________________

035◇快速上攻◇破釜沉舟谱：跳空攀援线

【股谱原文】

◇股价跳空高开突破后，连拉两根顺次向上的阳线（攀援线），多头部队尽快将防线向前推进到离第一天的跳空缺口较远的地方，这也是多方占优的走势，表明相当多的空头已放弃抵抗，股价的上行速度将会比较快。谱中的跳空缺口显示了多头破釜沉舟的坚定决心，多方将以其作为最后的防线向空头展开攻击，故称之为“破釜沉舟谱”。

◇本谱在第二天的走势比较关键，如果能在成交量的配合下平开（或是略微低开）高走，即可及早介入，顺水推舟。

图例 035　◇快速上攻◇破釜沉舟谱：跳空攀援线

【道破K线天机】实训图谱035

实训图谱035

认真观察实训图谱，对照所学习的股谱，把自己的学习心得体会写下来：

（1）股价所在的空间位置：____________________

（2）K线形态的结构特征：____________________

（3）股价对应的量能结构：____________________

（4）阅读本图的核心要领：____________________

（5）实战操盘的应对策略：____________________

036◇快速上攻◇勇追穷寇谱：渐大三连阳

【股谱原文】

◇在股价上升途中，多头接连向空头发起进攻，且攻势一天比一天猛烈，反映在K线图上，就是股价连收阳线，而阳线实体也越来越大，这也是股价将加速上行的先兆。由于本谱中连续阳线的实体是由小变大，表明多头的攻势日见顺利，必将趁热打铁，向空方发起总攻，很符合“宜将剩勇追穷寇，不可沽名学霸王”的诗意，故称“勇追穷寇谱”。

◇运用本谱时应该注意，如果谱中的阳线实体比较大，特别是第三、四天的阳线已是中大阳线的话，就说明多头的力量十分强大，即使遭致空头的反扑，也不过是极短时间的调整，反而成为短线追买的良机。

图例 036　◇快速上攻◇勇追穷寇谱：渐大三连阳

【道破K线天机】实训图谱 036

实训图谱 036

认真观察实训图谱，对照所学习的股谱，把自己的学习心得体会写下来：

（1）股价所在的空间位置：________________

（2）K 线形态的结构特征：________________

（3）股价对应的量能结构：________________

（4）阅读本图的核心要领：________________

（5）实战操盘的应对策略：________________

037◇快速上攻◇不畏浮云谱：上升中跳高十字星

【股谱原文】

◇随着股价的上升，在中大阳线之后常常会出现或多或少的类十字星。这些类十字星只是上涨途中的暂时性整理而已，此时若股价上扬且伴随着成交量的有效放大，即为可信度极高的买进信号，必将再出现一波快速上攻行情，正所谓“不畏浮云遮望眼，只缘心向最高层”，故称“不畏浮云谱”。

◇本谱中类十字星的数量多少不定，少则一颗星，多则三、四颗星，无论星线多少，只要再次放量上攻，即会加速上扬，故投资者应在放量时及时介入，坐享顺水推舟之乐。

图例 037　◇快速上攻◇不畏浮云谱：上升中跳高十字星

【道破K线天机】实训图谱037

实训图谱037

认真观察实训图谱，对照所学习的股谱，把自己的学习心得体会写下来：

（1）股价所在的空间位置：____________________

（2）K线形态的结构特征：____________________

（3）股价对应的量能结构：____________________

（4）阅读本图的核心要领：____________________

（5）实战操盘的应对策略：____________________

038◇快速上攻◇仗剑远游谱：上升中途跳高剑形线

【股谱原文】

◇随着市场气氛的回暖，看好后市的人迅速增多，导致股价以较大的缺口向上跳空开盘，其后虽然受到短线获利盘的打压而向下回落，尾市仍被拉高至开盘价附近收市，从而收出一根跳空的剑形线。此种图形表明空头的反抗力量十分薄弱，如果第二天仍以向上跳空的形式开盘，股价必将加速上扬，正所谓“少时壮且厉，抚剑独行游”，故称“仗剑远游谱”。

◇本谱中剑形线的长下影说明空头也曾拼死抵抗，却根本无法阻止股价的上行，这种情况常常会导致一些比较敏感的空头反手做多，股价的上行速度将会加快，因此，投资者应在当天收市前及时跟进，至迟也必须在第二天跳高开盘时趁早杀入，否则将错失一波快速上扬行情。

图例 038　◇快速上攻◇仗剑远游谱：上升中途跳高剑形线

【道破 K 线天机】实训图谱 038

实训图谱 038

认真观察实训图谱，对照所学习的股谱，把自己的学习心得体会写下来：

（1）股价所在的空间位置：__________

（2）K 线形态的结构特征：__________

（3）股价对应的量能结构：__________

（4）阅读本图的核心要领：__________

（5）实战操盘的应对策略：__________

039◇快速上攻◇后羿射日谱：上升中途跳高弓形线

【股谱原文】

◇在股价上升的途中，多方奋力向上，但遭遇空头狙击，不得不回撤至较低价位，从而在 K 线图上走出一根长上影 K 线（即弓形线）。如果第二天多头尽全力向上攻击，将前一日的长上影全部抹去，则股价将加速上行，连收阳线。如果第二天多头不能一鼓作气攻上弓形线的最高点，而是收出一根被包孕在此一弓形线长上影之内的中小阳线，就说明多头的上攻遇到了较大阻力，虽不能就此妄言股价见顶，但其后的上攻速度将稍慢一些。本谱的图形看起来就像一张硬弓对准了天空高挂着的一轮轮红日，故称“后羿射日谱”。

◇在本谱中，空头的力量已在制造“长弓”的过程中消耗殆尽，因而弓形线形成之时即是介入良机，即使第二天不能形成将这一弓形线包容在内的大阳，股价的上行趋势也不会改变。

图例 039　◇快速上攻◇后羿射日谱：上升中途跳高弓形线

【道破K线天机】实训图谱039

实训图谱039

认真观察实训图谱，对照所学习的股谱，把自己的学习心得体会写下来：

（1）股价所在的空间位置：________________

（2）K线形态的结构特征：________________

（3）股价对应的量能结构：________________

（4）阅读本图的核心要领：________________

（5）实战操盘的应对策略：________________

040◇快速上攻◇望断南雁谱：上升中途小压迫线

【股谱原文】

◇多方连续发力向上，在收出阳线的次日股价大幅高开，至尾市时收盘价落至开盘价以下，但仍高于前一日收盘价，形成高档小压迫线。此种图形表示空头的压制力量十分有限，多方必将乘虚而入，将股价推上新的高峰，正所谓“天高云淡，望断南飞雁，不到长城非好汉”，故称“望断南雁谱”。

◇高档的小压迫线本身即表明空头力量薄弱，难以阻挡住多方军的强大攻势，故而在形成压迫线的当天即是入货良机，或者是在第二天开市时果断介入。如果压迫线与前一天的阳线之间留有跳空缺口（即该压迫线没有下影线），则更要及早介入。

图例 040 ◇快速上攻◇望断南雁谱：上升中途小压迫线

【道破K线天机】实训图谱040

实训图谱040

认真观察实训图谱，对照所学习的股谱，把自己的学习心得体会写下来：

（1）股价所在的空间位置：__________

（2）K线形态的结构特征：__________

（3）股价对应的量能结构：__________

（4）阅读本图的核心要领：__________

（5）实战操盘的应对策略：__________

041◇快速上攻◇蚍蜉撼树谱：上升中途伪阴线

【股谱原文】

◇在股价上升途中，多头向空方发起猛烈进攻，导致股价大幅高开，空头也不甘示弱，尽力将股价向下打压，连续两日收出阴线，但两根阴线的收盘价都高于其前一天的收盘价，形成伪阴线。本谱中连续两根上升中的小阴线看起来就像两只小黑蚂蚁，正拼命想要撼动参天大树一样，“蚍蜉撼大树，可笑不自量”，故称之为“蚍蜉撼树谱”。

◇本谱中连续两根小阴线都无法遏止多头的进攻，其结果自然是导致多空力量的对比更加不平衡，股价将加速上行。故投资者在第二根阴线处即应及时加入多方阵营，以便分享其胜利成果。

图例041　◇快速上攻◇蚍蜉撼树谱：上升中途伪阴线

【道破K线天机】实训图谱041

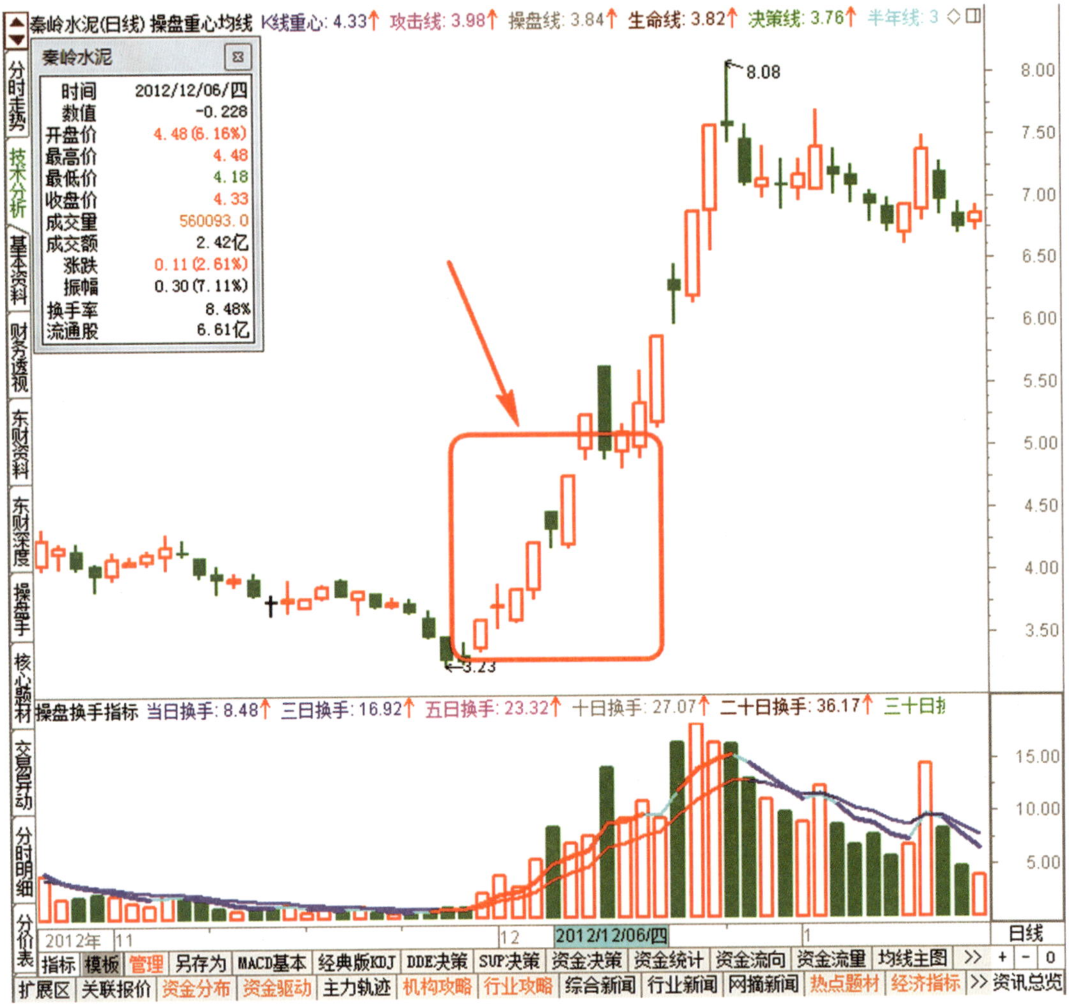

实训图谱041

认真观察实训图谱，对照所学习的股谱，把自己的学习心得体会写下来：

（1）股价所在的空间位置：________________________

（2）K线形态的结构特征：________________________

（3）股价对应的量能结构：________________________

（4）阅读本图的核心要领：________________________

（5）实战操盘的应对策略：________________________

042◇快速上攻◇风卷残云谱：上升中途阳包阴

【股谱原文】

◇股价正在上行，多方发力向上，连拉阳线，其后遭遇空方拼死抵抗，报收小阴。第二天多头再次发力，从下到上统吃前一小阴，将前一天的空头一网成擒。谱中的小阴犹如万里晴空中的一缕残云，转眼间即被风吹得烟消云散，故称之为“风卷残云谱”。

◇在本谱中，最佳而又最为稳妥的入货时机是第二天多头上攻，将股价拉至前一阴线的开盘之上的时候。其时正是烟消云散之时，万里晴空之始，此时介入，收效既快，战绩也好。

图例 042 ◇快速上攻◇风卷残云谱：上升中途阳包阴

【道破K线天机】实训图谱042

实训图谱042

认真观察实训图谱，对照所学习的股谱，把自己的学习心得体会写下来：

（1）股价所在的空间位置：__________

（2）K线形态的结构特征：__________

（3）股价对应的量能结构：__________

（4）阅读本图的核心要领：__________

（5）实战操盘的应对策略：__________

043◇快速上攻◇从善如流谱：上升中途归顺线

【股谱原文】

◇在股价上升过程中，某一天收出一根阴线，似乎要进行调整，但第二天却峰回路转，在前一根阴线的开盘价之上开盘并高走高收，形成上升中途的归顺线。本谱中的第一根阴线表明有些空头仍在负隅顽抗，但很快就接受规劝，改邪归正，故称“从善如流谱”。

◇在本谱中，形成归顺线的当天，多头一开盘即已稳占上风，将战火烧到了空头的防线（即前一阴线的收市价）之后，这是空头将全线崩溃的先兆，投资者应在此时全面介入，而不必等待阳线的形成。

图例 043 ◇快速上攻◇从善如流谱：上升中途归顺线

【道破K线天机】实训图谱043

实训图谱043

认真观察实训图谱，对照所学习的股谱，把自己的学习心得体会写下来：

（1）股价所在的空间位置：______________________________

（2）K线形态的结构特征：______________________________

（3）股价对应的量能结构：______________________________

（4）阅读本图的核心要领：______________________________

（5）实战操盘的应对策略：______________________________

044◇快速上攻◇葵花向日谱：上升中途上拉线

【股谱原文】

◇在股价上升途中，空头不甘于承认自己的失败，死命想压住股价，从而收出阴线，谁知第二天即遭到多头更加猛烈的攻击，在前一根阴线的实体之内开盘并收盘于前一阴线的开盘价之上，形成上升中途的上拉线，这也是股价将加速上行的预兆。本谱中多头的攻势虽然受到了卖方的阻挠，但股价的上行趋势却并未因此而改变，就好像葵花一样，除非有足够的力量把它折断，否则总是会朝向太阳，故称“葵花向日谱”。

◇空头不能守住自己的阵地，一开盘即被多头轻骑奔袭，杀到己方的防线后面，也是空头大厦将倾的预兆。投资者既可在形成阴线的次日一开盘就及时介入，也可等当天的上拉线基本形成时再加入战阵，以策安全。

图例 044 ◇快速上攻◇葵花向日谱：上升中途上拉线

【道破 K 线天机】实训图谱 044

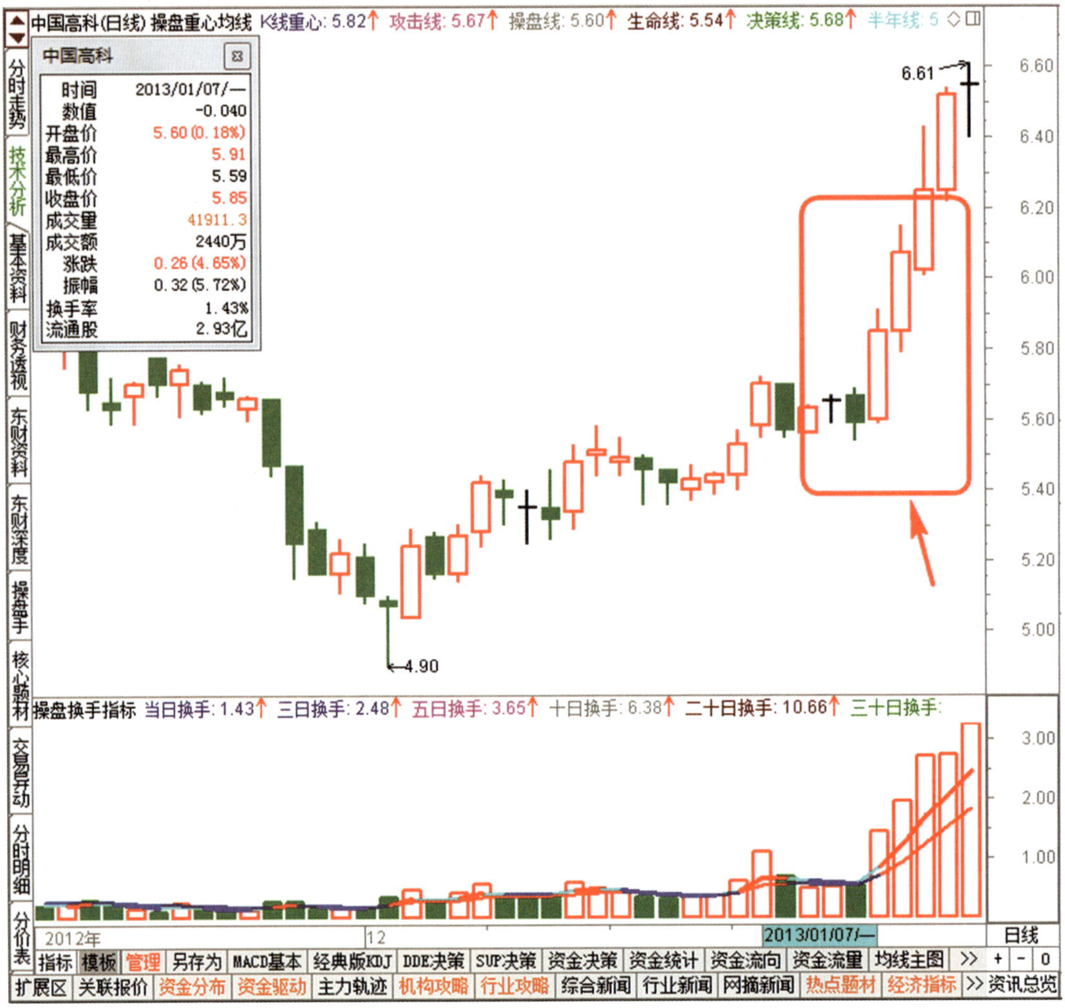

实训图谱 044

认真观察实训图谱，对照所学习的股谱，把自己的学习心得体会写下来：

（1）股价所在的空间位置：____________________

（2）K 线形态的结构特征：____________________

（3）股价对应的量能结构：____________________

（4）阅读本图的核心要领：____________________

（5）实战操盘的应对策略：____________________

045◇快速上攻◇夫唱妇随谱：上升中途阳孕阴

【股谱原文】

◇股价持续上行后拉出一根实体较大的阳线，第二天却收出一根包孕在前一阳线实体内的小阴线，这是股价将加速上行的迹象。谱中的阳孕阴恰为一阴一阳，看起来就好像夫唱妇随一样，所谓“家和万事兴”，股价的表现也将如人所愿，故称“夫唱妇随谱”。

◇本谱中的小阴线连前一阳线的开盘价都无力攻克，说明空头的抵抗已不过是应景文章，没有实质内容，此时即是买方加码的大好时机。

图例 045　◇快速上攻◇夫唱妇随谱：上升中途阳孕阴

【道破K线天机】实训图谱045

实训图谱045

认真观察实训图谱，对照所学习的股谱，把自己的学习心得体会写下来：

（1）股价所在的空间位置：____________________

（2）K线形态的结构特征：____________________

（3）股价对应的量能结构：____________________

（4）阅读本图的核心要领：____________________

（5）实战操盘的应对策略：____________________

第二节　震荡盘上定式

046◇震荡盘上◇红旗半卷谱：上升中途切入线

【股谱原文】

◇多方正在拉抬股价，却遭遇空头的狙击，收出覆盖性或包容性阴线，第二天顺势低开后并未继续低走，而是反复向上，拉出一根切入线。这说明前一阴线只是短期的回档，股价仍将震荡上行。谱中的阳切线是一种攻击形态，就好像多头部队主动后撤一小段距离，稍事休整后又挥旗杀回，故谓之“红旗半卷谱”。

◇投资者应密切注意，收出覆盖性或包容性阴线的当天必须缩量，如果放量下跌，则必须十分小心。另外，还要注意分析该切入线的力度，如果是“斩回线”，则股价有可能快速上行；如果只是“插入线”，则将以震荡向上的方式为主，投资者一定要有耐心。

图例 046　◇震荡盘上◇红旗半卷谱：上升中途切入线

【道破K线天机】实训图谱046

实训图谱046

认真观察实训图谱，对照所学习的股谱，把自己的学习心得体会写下来：

（1）股价所在的空间位置：____________________

（2）K线形态的结构特征：____________________

（3）股价对应的量能结构：____________________

（4）阅读本图的核心要领：____________________

（5）实战操盘的应对策略：____________________

047◇震荡盘上◇负重前行谱：上升中途阳孕阳

【股谱原文】

◇股价正在上行，前一天收出一根实体较大的阳线，第二天却拉出一根包孕在前一阳线实体内的小阳线，这是股价上行受挫的迹象，其上升速度将有所减缓。谱中的阳孕阳就好象妇人孕子一样，大腹便便，前行时困难重重，故称之为“负重前行谱”。

◇如第三天能高开收阳，则仍可介入。

图例047 ◇震荡盘上◇负重前行谱：上升中途阳孕阳

【道破K线天机】实训图谱047

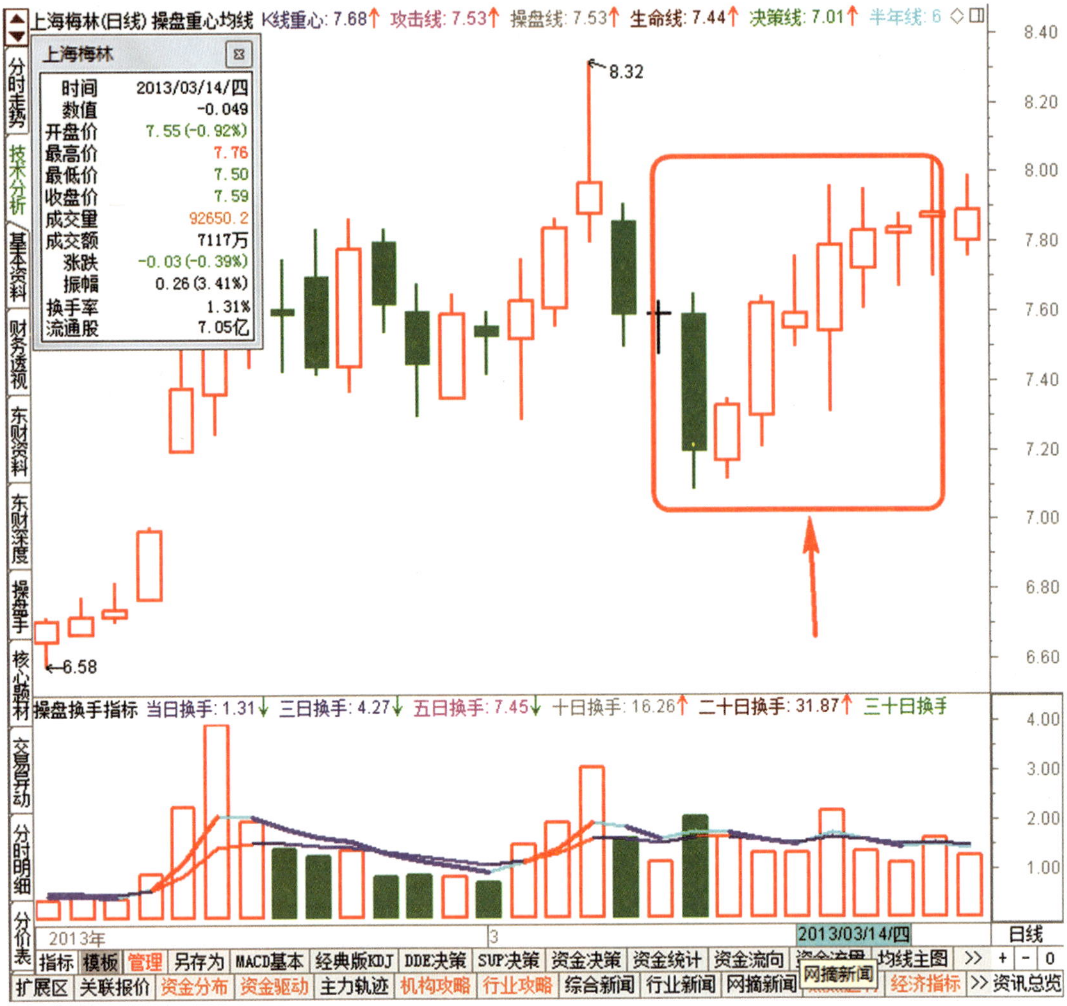

实训图谱047

认真观察实训图谱，对照所学习的股谱，把自己的学习心得体会写下来：

（1）股价所在的空间位置：________________

（2）K线形态的结构特征：________________

（3）股价对应的量能结构：________________

（4）阅读本图的核心要领：________________

（5）实战操盘的应对策略：________________

048◇震荡盘上◇极目云空谱：上升中途并阳线

【股谱原文】

◇股价持续上升，在拉出阳线的次日又收出一根与其几乎并排的阳线，这是股价将继续上行的先兆，其中的并阳线犹如两只眼睛目送股价再上台阶，故称“极目云空谱”。

◇并阳线本身即是多头遭受意外挫折的一种K线组合，故其后股价虽将继续向上，但多以震荡盘上为主要方式。在特殊情况下，也可能出现一段快速向上行情，但其实例较少。

图例048 ◇震荡盘上◇极目云空谱：上升中途并阳线

【道破K线天机】实训图谱048

实训图谱048

认真观察实训图谱，对照所学习的股谱，把自己的学习心得体会写下来：

（1）股价所在的空间位置：________

（2）K线形态的结构特征：________

（3）股价对应的量能结构：________

（4）阅读本图的核心要领：________

（5）实战操盘的应对策略：________

049◇震荡盘上◇春燕戏花谱：上升中途滑行线

【股谱原文】

◇在股价上升途中，连续阳线之后接连拉出两根下降的阴线（即滑行线），股价进行短期调整。连续的下降阴线表明空头已有一定的反击实力，故其后的股价上行多以盘上方式为主。本谱是连阳之后收出二连阴，看上去就好像是两只春燕在桃树枝上嬉戏一样，故称“春燕戏花谱”。

◇从股价运行的实际来看，本谱出现后的走势有两种演变的可能。一种是第三天继续收阴，即演化成“柳暗花明谱”；另一种则是第三天拉出阳线，结束调整，特别是当第二根阴线是一条无量空跌的中阴线时，更表明本谱的滑行线只是中档调整而已，股价反而有可能加快上行速度。在这种情况下，第三天即是比较理想的入货时机。

图例 049　◇震荡盘上◇春燕戏花谱：上升中途滑行线

【道破 K 线天机】实训图谱 049

实训图谱 049

认真观察实训图谱，对照所学习的股谱，把自己的学习心得体会写下来：

（1）股价所在的空间位置：________________

（2）K 线形态的结构特征：________________

（3）股价对应的量能结构：________________

（4）阅读本图的核心要领：________________

（5）实战操盘的应对策略：________________

050◇震荡盘上◇勇攀高峰谱：上升三连击

【股谱原文】

◇多头奋力向上，连拉出小阳线，其后突遭空头袭击，一根长阴一口吞吃掉前面的三根阳线。这种典型的“上升三连击”的走势是空头平仓的大好时机，其后股价仍将上行。谱中的一根长阴如同悬崖峭壁一样堵在了红色三兵的面前，看起来就象红色三兵在奋力拼搏，勇攀高峰一样，故称“勇攀高峰谱”。

◇在本谱中，投资者切不可被卖方的虚张声势所吓倒，而是要认真观察成交量的变化情况，果断入市。一般而言，大阴线形成的当天即是买货良机。

图例 050　◇震荡盘上◇勇攀高峰谱：上升三连击

【道破K线天机】实训图谱050

实训图谱050

认真观察实训图谱，对照所学习的股谱，把自己的学习心得体会写下来：

（1）股价所在的空间位置：____________________

（2）K线形态的结构特征：____________________

（3）股价对应的量能结构：____________________

（4）阅读本图的核心要领：____________________

（5）实战操盘的应对策略：____________________

051◇震荡盘上◇柳暗花明谱：上升三法

【股谱原文】

◇在行情涨升的途中，大阳线之后出现连续三根缩量整理的小阴线，紧接着就是一条力度较大的阳线，放量洗尽其前的获利及套牢筹码，统吃前三根小阴线，这是蓄势待发的征兆，股价将上升。谱中的三连阴似乎表明市势已经接近顶点，但随后的大阳则说明那只是中途的暂时性整理而已，这种典型的“上升三法”走势，正合乎古诗“山重水复疑无路，柳暗花明又一村”的诗意，故称“柳暗花明谱”。

◇“三法”的含义是“买、卖、休息”，本谱的三连阴也就是上升途中多头休息的迹象。由于空头已能连拉三阴，实力有所增强，故其后股价虽然仍将上行，但速度将比较缓慢，多半是一种盘升的走势，而且有可能再次出现这种上升三法的形态，投资者一定要有耐性。另外，有时本谱的第三根阴线的实体会比较长（甚至打穿第一天阳线的开盘定位），但无量配合，仅仅是无量空跌，如其后的阳线实体较大，也可以看成是变型的上升三法。

图例 051 ◇震荡盘上◇柳暗花明谱：上升三法

【道破 K 线天机】实训图谱 051

实训图谱 051

认真观察实训图谱，对照所学习的股谱，把自己的学习心得体会写下来：

（1）股价所在的空间位置：________________

（2）K 线形态的结构特征：________________

（3）股价对应的量能结构：________________

（4）阅读本图的核心要领：________________

（5）实战操盘的应对策略：________________

052◇震荡盘上◇以退为进谱：上升跳空三法

【股谱原文】

◇在上升行情中，多方鼓勇向前，使股价高开高走，形成跳空阳线，随后空头全力反扑，在前一阳线的实体内开盘后继续发力，股价低伏，补去前一天的跳空缺口，从而形成所谓的“上升空跳三法”。这是典型的多头市场中的回档形态，其中的下拖阴线只不过是多头在以退为进，为下一步的继续拉升做准备，故称“以退为进谱”。

◇在本谱中，理想的入货时机是最后一根阴线的下端。在大多数情况下，本谱是一种震荡盘升信号，其后股价的上升速度不一定很快，投资者应耐心捂股。

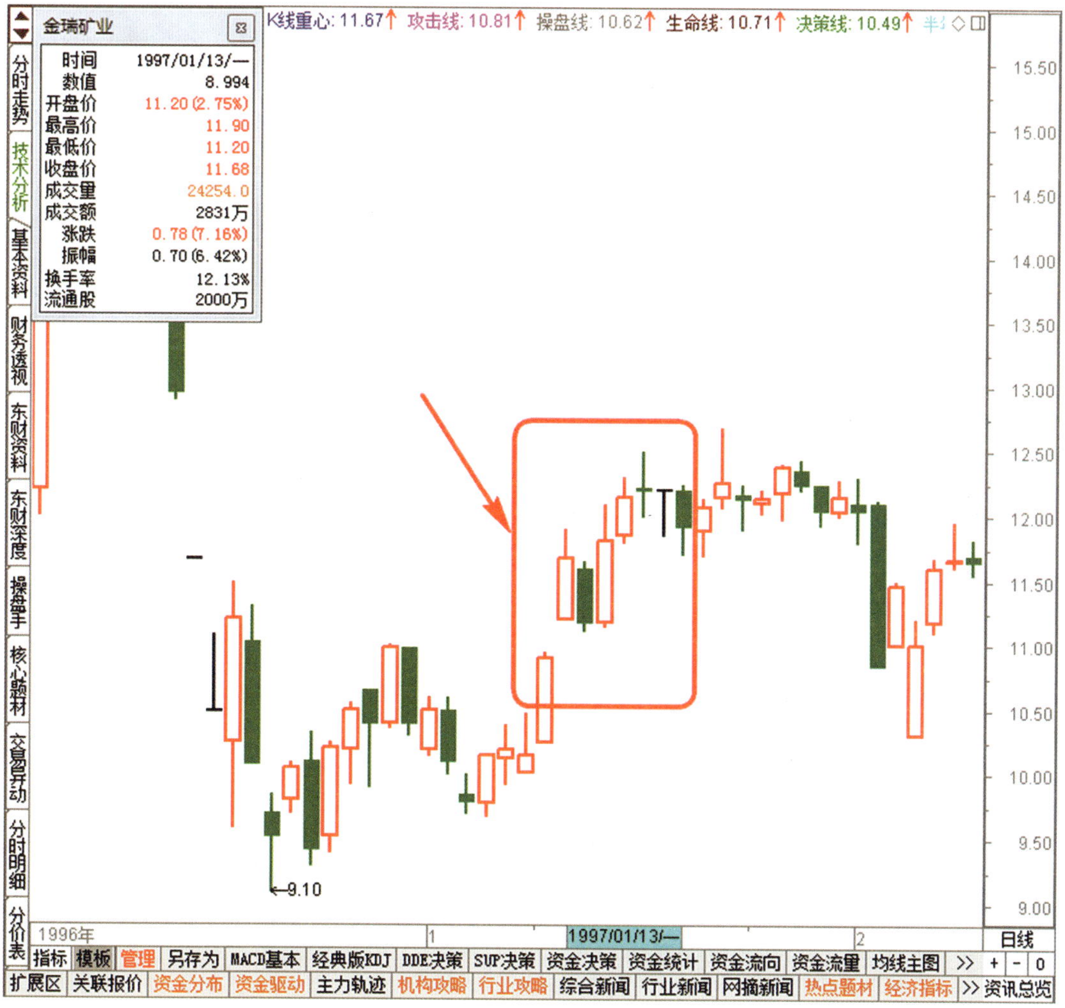

图例 052　◇震荡盘上◇以退为进谱：上升跳空三法

【道破K线天机】实训图谱 052

实训图谱 052

认真观察实训图谱，对照所学习的股谱，把自己的学习心得体会写下来：

（1）股价所在的空间位置：________________

（2）K 线形态的结构特征：________________

（3）股价对应的量能结构：________________

（4）阅读本图的核心要领：________________

（5）实战操盘的应对策略：________________

053◇震荡盘上◇凭高远眺谱：超越覆盖线或压迫线

【股谱原文】

◇股价上升到一定高度后，空头开始反扑，收出覆盖线或压迫线，显示股价已有调整压力。此后如出现再创新高的阳线，表明股价已结束调整，将重返升途。谱中最后一根阳线突破了此前的高点，再创天价，因而也称为“凭高远眺谱”。

◇股价结束调整，再创新高，是强势的表现。一般而言，股价再创天价之时即是买入时机。但本谱是一震荡盘上定式，投资者入货之后，应以捂股为主，避免倒差价。

图例053　◇震荡盘上◇凭高远眺谱：超越覆盖线或压迫线

【道破K线天机】实训图谱053

实训图谱053

认真观察实训图谱，对照所学习的股谱，把自己的学习心得体会写下来：

（1）股价所在的空间位置：________________

（2）K线形态的结构特征：________________

（3）股价对应的量能结构：________________

（4）阅读本图的核心要领：________________

（5）实战操盘的应对策略：________________

054◇震荡盘上◇近乡情怯谱：上升中途“受阻红三兵”

【股谱原文】

◇股价正在上行，连续拉出三根阳线，但阳线实体却一根比一根短小，形成“受阻红三兵”走势，显示多头的上攻阻力正在逐渐增大，股价只能以盘升方式缓慢向上，正所谓“近乡情更怯，不敢问来人”，故称“近乡情怯谱”。

◇上升途中的“受阻红三兵”只说明股价上行时遇到的阻力有所增大，并不表示已经见顶。一般而言，本谱出现后常常有两种可能性，一种是震荡盘升，股价的升势将持续一段较长的时间；另一种则是多头在大势或利好消息的配合下强势上攻，拉出大阳，随后即转入横盘整理。无论哪种情况，投资者都可耐心捂股。

图例054 ◇震荡盘上◇近乡情怯谱：上升中途“受阻红三兵”

【道破K线天机】实训图谱054

实训图谱054

认真观察实训图谱，对照所学习的股谱，把自己的学习心得体会写下来：

（1）股价所在的空间位置：________

（2）K线形态的结构特征：________

（3）股价对应的量能结构：________

（4）阅读本图的核心要领：________

（5）实战操盘的应对策略：________

055◇震荡盘上◇瞻前顾后谱：上升中途“思考红三兵”

【股谱原文】

◇股价在上行途中连续拉出三根阳线，其中的第一根阳线实体比较短小，第二天由于空头斩仓，价格快速上升，阳线实体很大，第三天再次形成一根小阳线。这种“思考红三兵”的走势表示难以确定价格究竟是上升还是下跌。而在上升途中出现的“思考红三兵”往往意味着多头上攻时心里不太踏实，只能走一步，看一步，故称“瞻前顾后谱”。

◇本谱中的第三根小阳线表明多方已经放慢脚步，观察和分析敌我形势，以便确定前进的方向，故第四天股价既有可能停滞不前，收出阴线，也可能继续前进，再拉阳线。因此，投资者的策略应以静观待变为好，过早行动反而会比较被动。

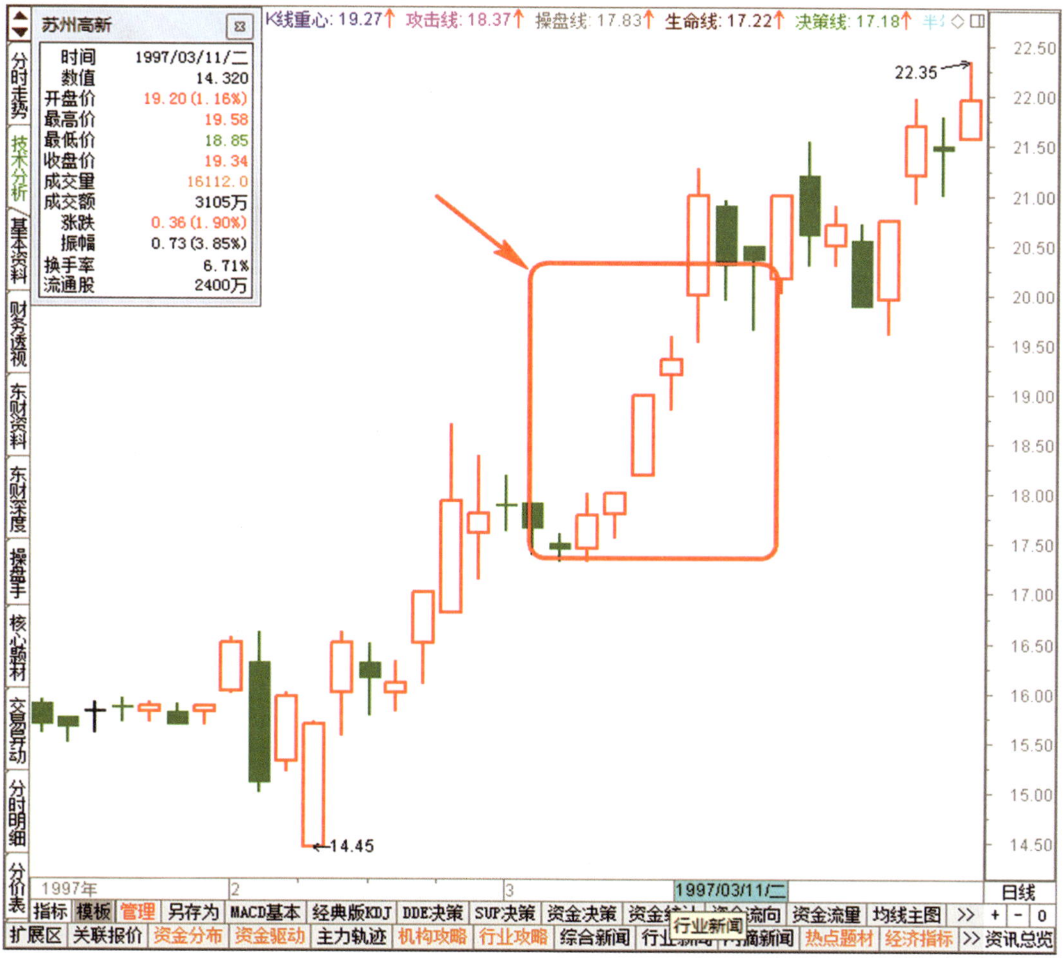

图例 055 ◇震荡盘上◇瞻前顾后谱：上升中途“思考红三兵”

【道破K线天机】实训图谱055

实训图谱055

认真观察实训图谱，对照所学习的股谱，把自己的学习心得体会写下来：

（1）股价所在的空间位置：______________________________

（2）K线形态的结构特征：______________________________

（3）股价对应的量能结构：______________________________

（4）阅读本图的核心要领：______________________________

（5）实战操盘的应对策略：______________________________

056◇震荡盘上◇腹背受敌谱：上升中途阴夹阳

【股谱原文】

◇多头向上拉抬股价，但不时遭到空方的袭扰，在第一次收出阴线后，多头继续奋力向上，但只能勉强收阳，第三天又受到阻力，再次收阴，形成两阴夹一阳之势，多头前有阻力，后有追兵，股价上行速度不得不放缓，故称“腹背受敌谱”。

◇买方军既已被前后夹击，上行速度便不能不受到影响。在这种情况下，有货的投资者应以持股观望为主，而无货的股民则不必急于介入，以免增加不必要的时间成本。

图例 056 ◇震荡盘上◇腹背受敌谱：上升中途阴夹阳

【道破K线天机】实训图谱056

实训图谱056

认真观察实训图谱，对照所学习的股谱，把自己的学习心得体会写下来：

（1）股价所在的空间位置：________________

（2）K线形态的结构特征：________________

（3）股价对应的量能结构：________________

（4）阅读本图的核心要领：________________

（5）实战操盘的应对策略：________________

057◇震荡盘上◇登高怀远谱：上升中途阳包阳

【股谱原文】

◇股价正在持续向上，在收出阳线的第二天却跳低至前一阳线的开盘价之下开市，随后反复向上，收盘于前一阳线的收市价之上，形成阳包阳之势。这种走势虽然暗示多头在上攻时曾受到某种意外的打击，其后的攻势必定小心翼翼，但上攻的决心并不会就此泯灭，就好像登高的人一不小心滑了一跤，站稳后不由得抬起头来看看山势，以免再次摔倒，但登高的行动并不会就此完结，故称“登高怀远谱”。

◇本谱乃震荡上行的定式之一，投资者应耐心持股。想加码的人可在第二天股价被拉升至前一天收盘价附近时再采取行动。

图例 057　◇震荡盘上◇登高怀远谱：上升中途阳包阳

【道破 K 线天机】实训图谱 057

实训图谱 057

认真观察实训图谱，对照所学习的股谱，把自己的学习心得体会写下来：

（1）股价所在的空间位置：________________

（2）K 线形态的结构特征：________________

（3）股价对应的量能结构：________________

（4）阅读本图的核心要领：________________

（5）实战操盘的应对策略：________________

058◇震荡盘上◇退避三舍谱：上升中途伪阳线

【股谱原文】

◇在股价上行过程中，有时虽然连收两根阳线，但其开盘价和收盘价却是第二天低于第一天，形成伪阳线组合，表明多头上攻乏力，股价虽能随大势上行，却只能震荡盘上。这种走势看起来就像多头部队因为忌惮对方的实力，不得不退避三舍，暂时避敌锋芒一样，故称“退避三舍谱”。

◇本谱的走势较弱，投资者最好先观察一两天再决定是否行动。如果要介入的话，一般都要等再走出一根阳线，并且超越了第一根阳线的收盘价时为宜。

图例 058　◇震荡盘上◇退避三舍谱：上升中途伪阳线

【道破 K 线天机】实训图谱 058

实训图谱 058

认真观察实训图谱，对照所学习的股谱，把自己的学习心得体会写下来：

（1）股价所在的空间位置：______________________

（2）K 线形态的结构特征：______________________

（3）股价对应的量能结构：______________________

（4）阅读本图的核心要领：______________________

（5）实战操盘的应对策略：______________________

第三章

高出定式原文及实训模版

第一节　震荡出货定式

059◇震荡出货◇层林尽染谱：高档多条并列阳线

【股谱原文】

◇股价经过长期上涨后，在高档走出两根以上近乎并列的阳线，这是买方上攻乏力的迹象，股价即将见顶回调。本谱的图形看上去就好象暮秋时节的红枫林，“万山红遍，层林尽染”，火红的霜叶在提醒人们，秋已尽，冬将临，故称为“层林尽染谱”。

◇股价在高档走出本谱后，投资者以获利了结为宜，最迟也必须在随后收出第一根阴线时及早退出，以避开随之而来的大幅回调。

图例 059　◇震荡出货◇层林尽染谱：高档多条并列阳线

【道破K线天机】实训图谱059

实训图谱059

认真观察实训图谱，对照所学习的股谱，把自己的学习心得体会写下来：

（1）股价所在的空间位置：______________________________

（2）K线形态的结构特征：______________________________

（3）股价对应的量能结构：______________________________

（4）阅读本图的核心要领：______________________________

（5）实战操盘的应对策略：______________________________

060◇震荡出货◇山雨欲来谱：高档多根并列阴线

【股谱原文】

◇股价持续上扬，在高档连续拉出多条阴线，显示股价上涨无力，即将进入调整。此图形是在高位横盘区域连拉阴线，表明股价虽有上冲欲望，但买气减弱，无力收阳，头部形成，调整将至。本谱的高位连阴看上去就像暴风雨来临之前的满天乌云，正所谓“山雨欲来风满楼”，故称之为“山雨欲来谱”。

◇高档连阴说明上方的压力较大，除非随后能再拉大阳向上突破，否则即以出局观望为妙。另外，由于本谱总是开高收阴，更要提防某些人乘市场气氛热烈之时拉高出货。

图例 060　◇震荡出货◇山雨欲来谱：高档多根并列阴线

【道破K线天机】实训图谱060

实训图谱060

认真观察实训图谱，对照所学习的股谱，把自己的学习心得体会写下来：

（1）股价所在的空间位置：________________

（2）K线形态的结构特征：________________

（3）股价对应的量能结构：________________

（4）阅读本图的核心要领：________________

（5）实战操盘的应对策略：________________

061◇震荡出货◇雾锁楼台谱：反击滑行线

【股谱原文】

◇股价在高档连续走出两根顺沿向下的阴线，第三天多头展开反击，再拉一根中大阳线，将前两根阴线尽数吞没。这看起来似乎是买盘力度又有增强，实质上却是主力正在拉高出货，是一根“障眼线”，因而也就是投资者难得的逃命线。本谱的图形是在高位经过小阴小阳震荡之后再拉一根实体较长的阳线，看似走强，实乃买方最后一搏，故称“雾锁楼台谱”。

◇只要最后一根大阳线之后再拉阴线，本谱的成立即可确认。因此，即使在拉出大阳的当天不出局，第二天股价降至大阳收盘价之下时也应及时获利了结。

图例 061 ◇震荡出货◇雾锁楼台谱：反击滑行线

【道破K线天机】实训图谱061

实训图谱061

认真观察实训图谱，对照所学习的股谱，把自己的学习心得体会写下来：

（1）股价所在的空间位置：____________________

（2）K线形态的结构特征：____________________

（3）股价对应的量能结构：____________________

（4）阅读本图的核心要领：____________________

（5）实战操盘的应对策略：____________________

062◇震荡出货◇月照城头谱：高档横盘中上跳大阴线

【股谱原文】

◇股价在高档横盘整理，连日小阴小阳不断，某一日突然大幅向上跳空高开，由于得不到投资者的认同，股价回落至其横盘区域收市，形成高位的大阴线。其后股价继续在高档横向整理，再也无力向上发起攻击，最后只能向下突破，展开一段下跌行情。本谱是高位横盘中出现大阴线，看上去就像是一轮明月照耀着一座围城一样，正是“月照城头乌半飞，霜凄万木风入衣”，故称为“月照城头谱”。

◇股价在高档横盘即是多头乏力的迹象，再加上一根高开低走的大阴线，调整意味不言自明，即使股价并不会就此展开快速回调，持股人士也以出局为宜。

图例062　◇震荡出货◇月照城头谱：高档横盘中上跳大阴线

【道破 K 线天机】 实训图谱 062

实训图谱 062

认真观察实训图谱，对照所学习的股谱，把自己的学习心得体会写下来：

（1）股价所在的空间位置：______________________________

（2）K 线形态的结构特征：______________________________

（3）股价对应的量能结构：______________________________

（4）阅读本图的核心要领：______________________________

（5）实战操盘的应对策略：______________________________

063◇震荡出货◇青冢向晚谱：高档横盘中弓形线

【股谱原文】

◇股价在高档横盘整理，某一日正常开市后，突然被大幅拉抬向上，由于上档压力太大，投者不予认同，股价回落至其横盘区域收市，形成高档震荡中的弓形线。随后股价继续在高档维持横盘走势，再也无力向上发起攻击，最后终于向下突破，展开回调。本谱是高位横盘中出现一根形似墓碑的 K 线，看上去就像是黄昏时分的荒山野岭，空寂无人，只有一座孤坟在默默地诉说着那过去的一切，正所谓“一去紫台连朔漠，独留青冢向黄昏”，故称“青冢向晚谱”。

◇一般情况下，只要股价在高档开始横盘，都以退出观望为好，既然现在再拉出一根弓形线，说明上方压力很大，股价上冲失败，更应该及时出货。

图例 063　◇震荡出货◇青冢向晚谱：高档横盘中弓形线

【道破K线天机】实训图谱063

实训图谱063

认真观察实训图谱，对照所学习的股谱，把自己的学习心得体会写下来：

（1）股价所在的空间位置：________

（2）K线形态的结构特征：________

（3）股价对应的量能结构：________

（4）阅读本图的核心要领：________

（5）实战操盘的应对策略：________

064◇震荡出货◇秋露始白谱：高档横盘中剑形线

【股谱原文】

◇股价在高档进行箱型整理，某一日盘中被大幅向下打压，甚至打穿箱底，尾市时又被拉回到较高价位收盘，从而形成高档钓鱼线。此种走势初看似乎是低位承接有力，实际上却是有些敏感的投资者已在暗中震荡出货，一旦主力清仓完毕，股价就将展开回调。古诗有云："戍鼓断人行，边秋一雁声。露从今夜白，月是故乡明"，故称"秋露始白谱"。

◇高档的剑形线之所以被称为"吊颈线"，就是因为此时作多无异于自己找绳子上吊，其结果当然没有好下场。因此，只要在高价圈内走出吊颈线，投资者就应该小心为上。

图例064 ◇震荡出货◇秋露始白谱：高档横盘中剑形线

【道破 K 线天机】实训图谱 064

实训图谱 064

认真观察实训图谱，对照所学习的股谱，把自己的学习心得体会写下来：

（1）股价所在的空间位置：______

（2）K 线形态的结构特征：______

（3）股价对应的量能结构：______

（4）阅读本图的核心要领：______

（5）实战操盘的应对策略：______

065◇震荡出货◇黑云压城谱：滑行线接滑行线

【股谱原文】

◇当行情长期上涨后，在高档接连两次走出滑行线组合，其间仅发生过一次微弱反弹，夹杂着一条阳线，即可断定此前的高价已是天价，股价已经上涨乏力，即将向下回落。该图形是在高位阴阳交错，犹如高耸的城墙一般，而又主要以阴线为主，看上去一片乌黑，好像乌云压城一样，正所谓“黑云压城城欲摧”，风声越来越紧张，故称“黑云压城谱”。

◇如果股价在高档走出本谱，总是意味着其原有的上升通道已经被打破，加上多次拉出连阴，也说明上档的压力十分沉重，此时当以出局观望为宜。

图例 065　◇震荡出货◇黑云压城谱：滑行线接滑行线

【道破K线天机】实训图谱065

实训图谱065

认真观察实训图谱，对照所学习的股谱，把自己的学习心得体会写下来：

（1）股价所在的空间位置：______

（2）K线形态的结构特征：______

（3）股价对应的量能结构：______

（4）阅读本图的核心要领：______

（5）实战操盘的应对策略：______

066◇震荡出货◇乱鸦啼螟谱：见顶三鸦

【股谱原文】

◇股价惯性上冲，在高档连续两次高开低走形成伪阴线组合，紧接着再拉一根下降阴线，这三根阴线就成为典型的“见顶三鸦”，是主力在高位拉高出货的明显迹象。正所谓“乱鸦啼后，归兴浓如酒”，股价即将展开回调，投资者也应该趁早出局，故称“乱鸦啼螟谱”。

◇既是“见顶三鸦”，出货便是理所当然之事。即使不一定随即出现快速回调，落袋为安、规避风险总是一件赏心乐事。

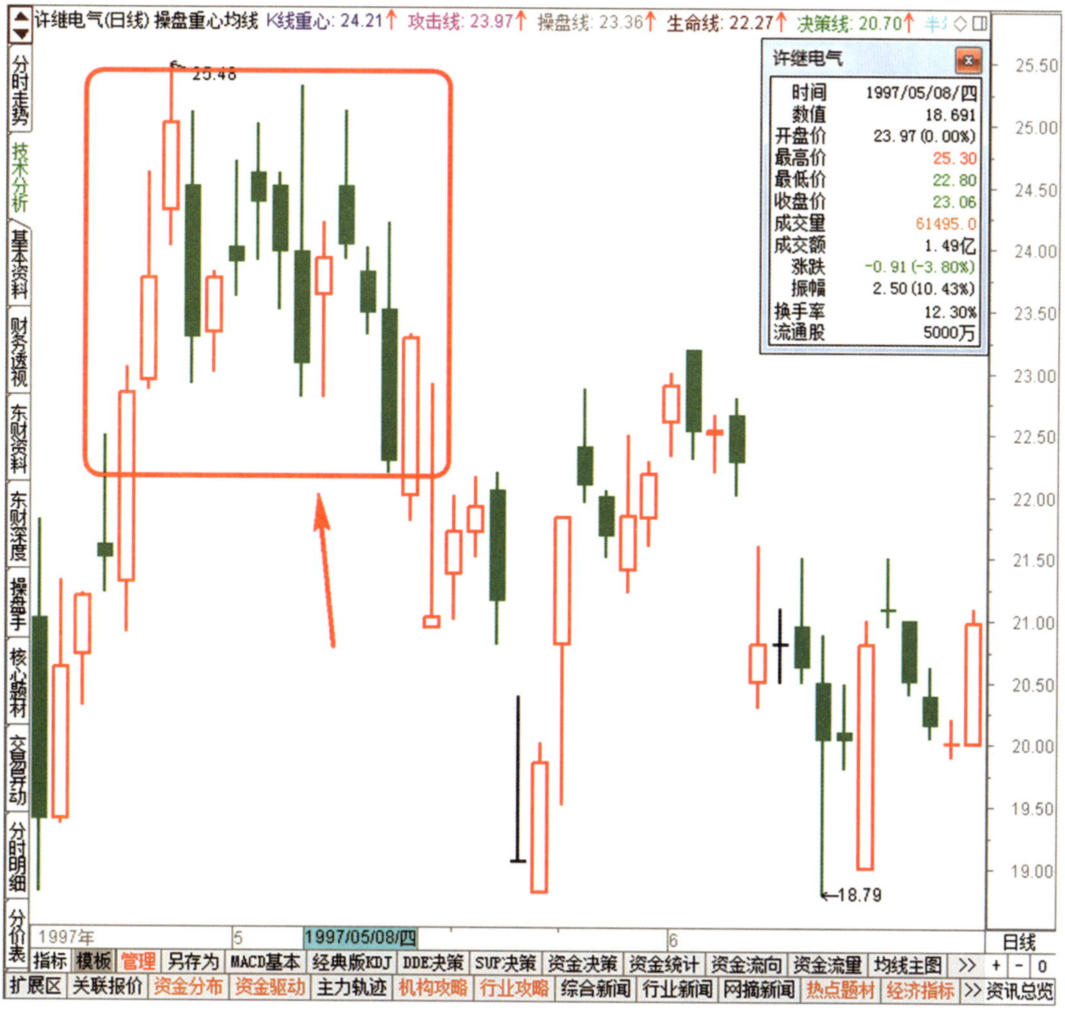

图例 066 ◇震荡出货◇乱鸦啼螟谱：见顶三鸦

【道破K线天机】实训图谱066

实训图谱066

认真观察实训图谱，对照所学习的股谱，把自己的学习心得体会写下来：

（1）股价所在的空间位置：________________

（2）K线形态的结构特征：________________

（3）股价对应的量能结构：________________

（4）阅读本图的核心要领：________________

（5）实战操盘的应对策略：________________

第二节　顶部突破定式

067◇顶部突破◇千钧一发谱：高档盘整末期剑形线

【股谱原文】

◇股价在高档横盘整理，因前期涨幅已大，股价失去上行动力，且重心已在略微下移。某一天，股价基本平开后被大幅打低，尾市时又被拉回开盘价附近收市。这是主力出货的信号之一，尾市拉高不过是为了随后的彻底清仓，以便于应付随之而来的巨幅调整。本谱钓鱼线后常常是连拉阴线，就好像千斤重担都系在一根细绳子上一样，正所谓“千钧系于一发”，危险性相当之大，故称“千钧一发谱”。

◇出现本谱时股价重心已在下移，持股者千万不要误以为谱中的吊颈线暗示低位承接有力，而应该看到，它只不过是空方小试牛刀，紧随而来的将是空头的重锤出击，故应赶紧退出。

图例 067　◇顶部突破◇千钧一发谱：高档盘整末期剑形线

【道破K线天机】实训图谱067

实训图谱067

认真观察实训图谱，对照所学习的股谱，把自己的学习心得体会写下来：

（1）股价所在的空间位置：________________

（2）K线形态的结构特征：________________

（3）股价对应的量能结构：________________

（4）阅读本图的核心要领：________________

（5）实战操盘的应对策略：________________

068◇顶部突破◇飞流直下谱：高档盘整末期大阴向下

【股谱原文】

◇股价在高档横向整理，前进方向未明，最后以一根大阴向下突破，确立行情调整的格局。此前的高位震荡是主力机构的出货手法之一，由于有比较充裕的时间，主力的出货往往会比较彻底，故一旦清仓完毕，股价的下挫将十分迅速，坡度很大，给人以“飞流直下三千尺，疑是银河落九天”之感，因而称之为“飞流直下谱”。

◇谱中的大阴线具有决定性的意义，空头一击而中，股价一泻千里，多方唯有认输出局，不要因当天的跌幅太大而妄想有反弹走货的机会，以免越陷越深。

图例 068　◇顶部突破◇飞流直下谱：高档盘整末期大阴向下

【道破K线天机】实训图谱068

实训图谱068

认真观察实训图谱，对照所学习的股谱，把自己的学习心得体会写下来：

（1）股价所在的空间位置：________________

（2）K线形态的结构特征：________________

（3）股价对应的量能结构：________________

（4）阅读本图的核心要领：________________

（5）实战操盘的应对策略：________________

069◇顶部突破◇风急天高谱：高档盘整末期黑三兵

【股谱原文】

◇股价在高档盘整一段时间后连拉三根向下的阴线，这是大调整开始的信号，股价将从此一厥不振。本谱是在高位横盘后出现三只乌鸦，暗示股价的调整将幅度巨大，时间持久，正符合“风急天高猿啸哀，渚清沙白鸟飞回。无边落木萧萧下，不尽长江滚滚来”的诗意，故称“风急天高谱”。

◇股价调整刚刚开始，投资者既不要等反弹，更不应该抢反弹，还是应该溜之大吉。

图例 069 ◇顶部突破◇风急天高谱：高档盘整末期黑三兵

【道破 K 线天机】实训图谱 069

实训图谱 069

认真观察实训图谱，对照所学习的股谱，把自己的学习心得体会写下来：

（1）股价所在的空间位置：______________________

（2）K 线形态的结构特征：______________________

（3）股价对应的量能结构：______________________

（4）阅读本图的核心要领：______________________

（5）实战操盘的应对策略：______________________

070◇顶部突破◇山河变色谱：小幅盘升后大阴向下

【股谱原文】

◇股价冲高回落，整理结束后再次上行，但力度有限，只能小幅盘上。随后风云突变，一根大阴统吃此前近 10 条中小 K 线，股价调整的基调被一锤定音。虽然多头仍可能做最后的垂死挣扎，但已无法挽回其失败的命运，股价的下挫将由此一发而不可收拾，故谓之“山河变色谱”。

◇一根阴线即可令买方多日的心血泡了汤，顶部反转即是板上钉钉之事，投资者千万不要犹豫，以免自己也被钉在了空头的砧板上。

图例 070　◇顶部突破◇山河变色谱：小幅盘升后大阴向下

【道破 K 线天机】 实训图谱 070

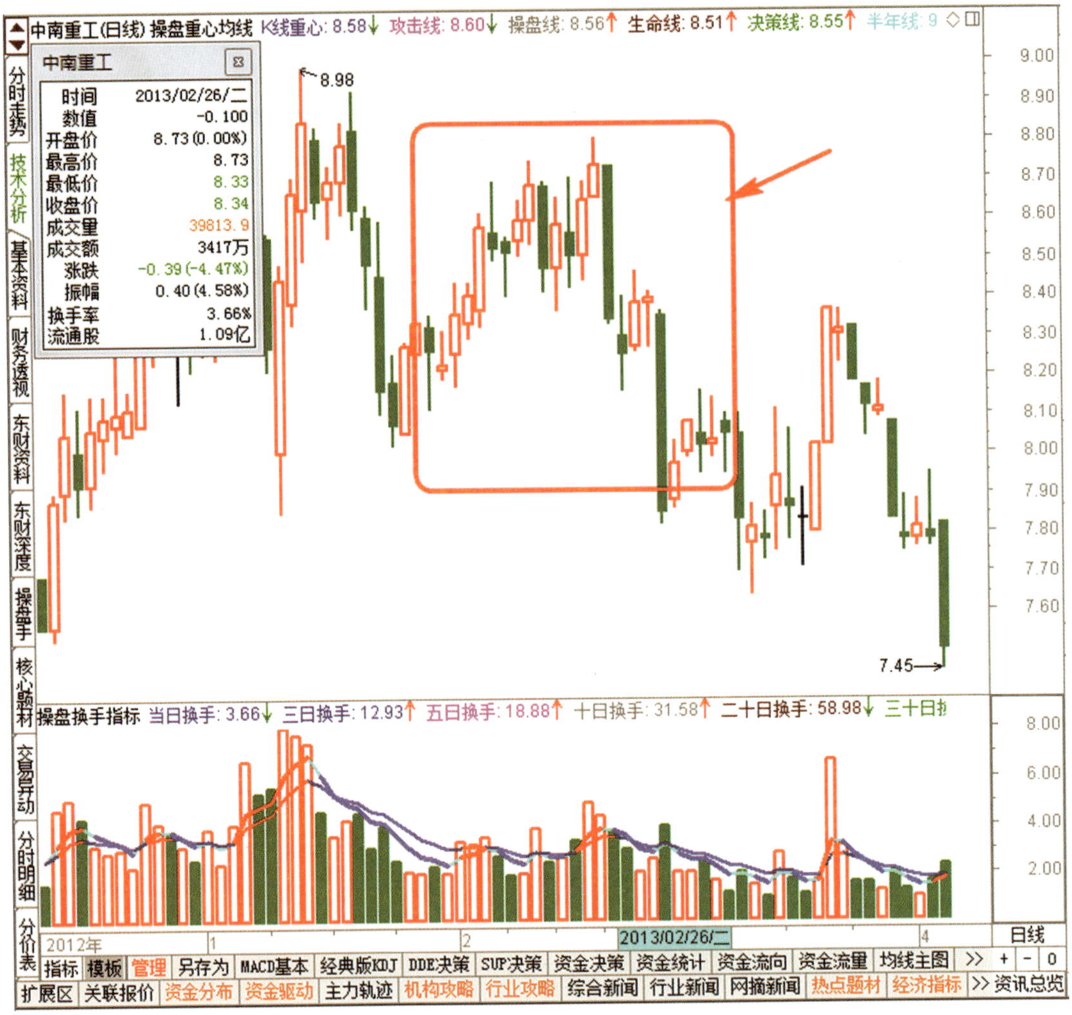

实训图谱 070

认真观察实训图谱，对照所学习的股谱，把自己的学习心得体会写下来：

（1）股价所在的空间位置：______________________________

（2）K 线形态的结构特征：______________________________

（3）股价对应的量能结构：______________________________

（4）阅读本图的核心要领：______________________________

（5）实战操盘的应对策略：______________________________

071◇顶部突破◇雨横风狂谱：暴跌三鸦

【股谱原文】

◇当股价大涨后出现连续三根顺次向下的阴线，就是十分明确的卖出信号，这是股价暴跌的先兆，行情将呈现一个月以上的回档整理局面。谱中的三连阴幅度相似，说明主力的出货行动坚决而又有序，一波行情已走到尽头，正所谓“雨横风狂三月暮，门掩黄昏，无计留春住”，故称之为“雨横风狂谱”。

◇“暴跌三鸦”不仅仅指这三天的跌幅，它还意味着随之而来的下挫也将是十分的迅速而又有力，无论这三天跌幅有多大，投资者都不能存有侥幸心理，有货的不要等反弹，无货的不要抢反弹，刀口舐血总是得不偿失的。

图例 071 ◇顶部突破◇雨横风狂谱：暴跌三鸦

【道破K线天机】实训图谱071

实训图谱071

认真观察实训图谱，对照所学习的股谱，把自己的学习心得体会写下来：

（1）股价所在的空间位置：________________

（2）K线形态的结构特征：________________

（3）股价对应的量能结构：________________

（4）阅读本图的核心要领：________________

（5）实战操盘的应对策略：________________

072◇顶部突破◇绝顶揽胜谱：炮楼顶

【股谱原文】

◇股价在高档升势强劲，拉出一至两根大阳线，或是一连串的阳线，随后上升动力减弱，速度放缓，呈现平滑移动的状态，最后又拉出一两根长而有力的阴烛，或是连拉阴线，股价反转向下。本谱前后都带有实体较长的烛线，形成类似高塔的形状，看上去就像是耸立在山顶或是城墙上的炮楼一样，雄踞要津，因而俗称为“炮楼顶”。由于其雄踞要津，放眼四望，可以一览无余，故称“绝顶揽胜谱”。

◇在高位出现大量空翻多现象，以至股价急速向上，但紧接着买气的减弱也比较迅速，有时在拉大阳的当天即创出天价，随后再也无法另创新高，改而进入横向移动，或是虽然继续上升，但速度已大大减缓，平滑上移一小段后即改为平滑下移，最后以大阴线或是连串阴烛向下突破。此种突破一旦成功，投资者即须当机立断，彻底清仓出局，以回避随之而来的大调整。事实上，这种“炮楼顶”往往都成为一波行情的制高点，即使随后发生反弹，也很难达到类似的高度。

图例 072 ◇顶部突破◇绝顶揽胜谱：炮楼顶

【道破K线天机】实训图谱072

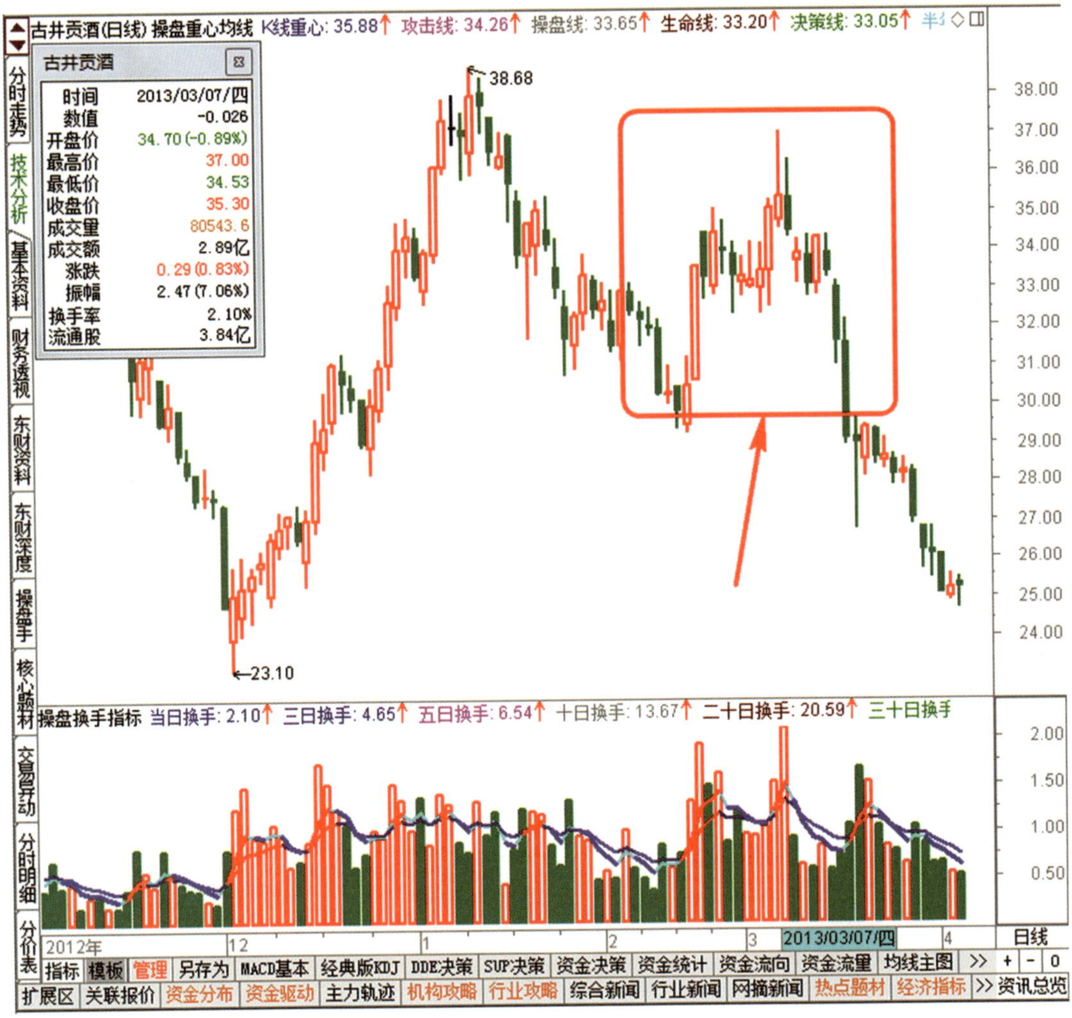

实训图谱072

认真观察实训图谱，对照所学习的股谱，把自己的学习心得体会写下来：

（1）股价所在的空间位置：________________

（2）K线形态的结构特征：________________

（3）股价对应的量能结构：________________

（4）阅读本图的核心要领：________________

（5）实战操盘的应对策略：________________

第三节　高档回调定式

073◇高档回调◇花近高楼谱：高档急升三大阳

【股谱原文】

◇股价在高档加速上升，连续收出三根中大阳线，由于短期内升幅过大，多头部队后续不济，很容易产生回档。从图形上看，本谱的连续大阳犹如百花盛开，鲜艳动人，但很快就将枯萎、凋谢，香消玉殒，正所谓“花近高楼伤客心，万方多难此登临”，故称“花近高楼谱”。

◇除非上市公司的经营状况出现了实质性变化，否则，高档连拉三阳线之后总是要发生一定幅度的调整。因此，一般应在第三根大阳形成之时获利了结，进取型的投资者也可等股价拉出第一条阴线时再采取行动。

图例 073　◇高档回调◇花近高楼谱：高档急升三大阳

【道破K线天机】实训图谱073

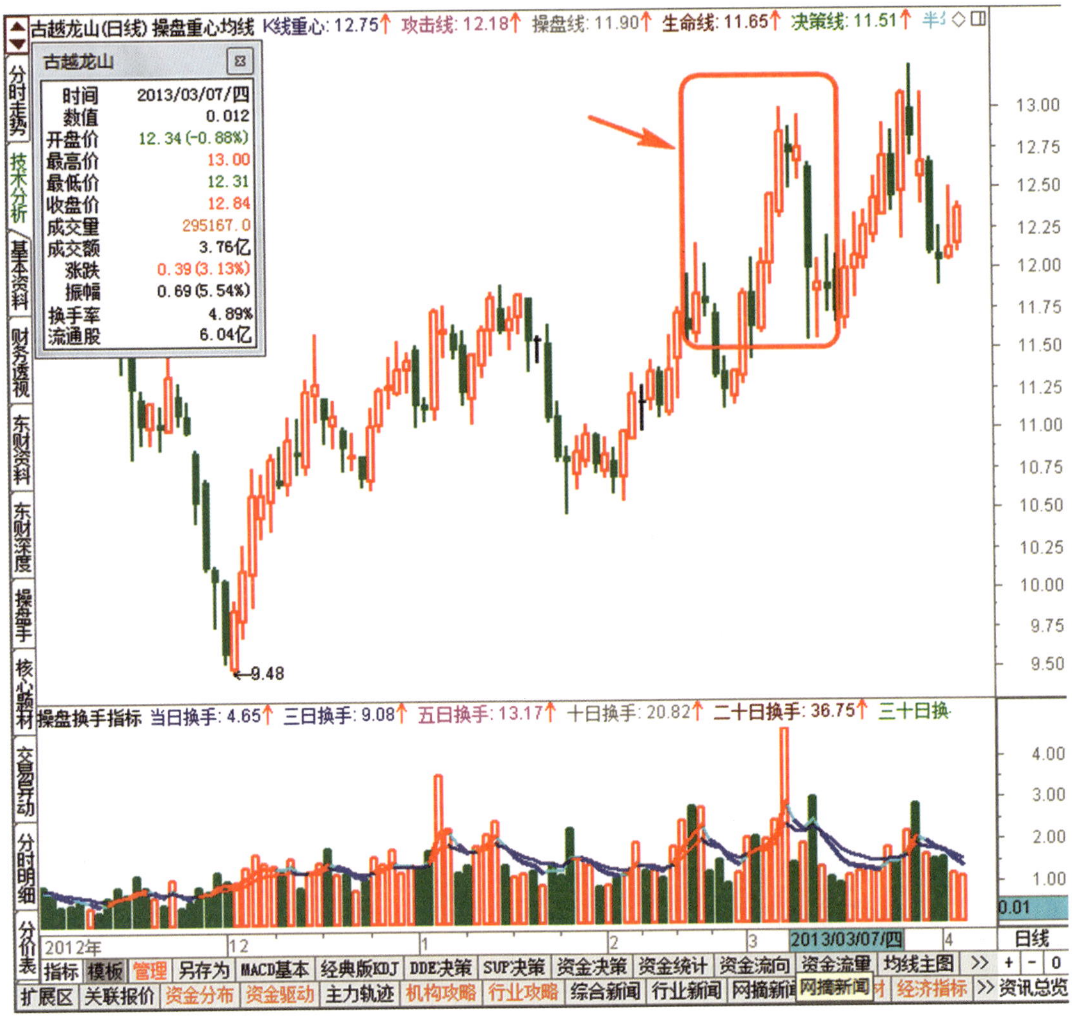

实训图谱073

认真观察实训图谱，对照所学习的股谱，把自己的学习心得体会写下来：

（1）股价所在的空间位置：______

（2）K线形态的结构特征：______

（3）股价对应的量能结构：______

（4）阅读本图的核心要领：______

（5）实战操盘的应对策略：______

074◇高档回调◇九天揽月谱：三空阳线

【股谱原文】

◇由于某些突发性消息十分利好买方，市场无法在一个交易日内对其完全予以消化，或者是由于个股的筹码极度集中，主力在拉抬股价时阻力极小，这两种情况都可能导致空头斩仓盘不断增加，股价上冲时惯性极大，因而连续数日涨停板。一般情况下，在三空完成之后，所有的空头斩仓大约都已经了结，买方的势力将盛极而衰，股谚有所谓“股价跳三空，气数尽”的说法，说明这是顶部反转的卖出信号。本谱中股价上冲之势锐不可挡，就好像要直上青天揽明月一样，故称“九天揽月谱”。

◇投资者在参与本谱的操作时主要要重“势”，不要轻易获利了结，以致丧失了唾手可得的一大截利润。一般而言，如果出现下面两种情况，投资者就应该迅速出脱持股：其一是股价放量收阴，其二是股价开始回补最后一个缺口（即通常所说的顶部缺口）。

图例 074　◇高档回调◇九天揽月谱：三空阳线

【道破K线天机】实训图谱 074

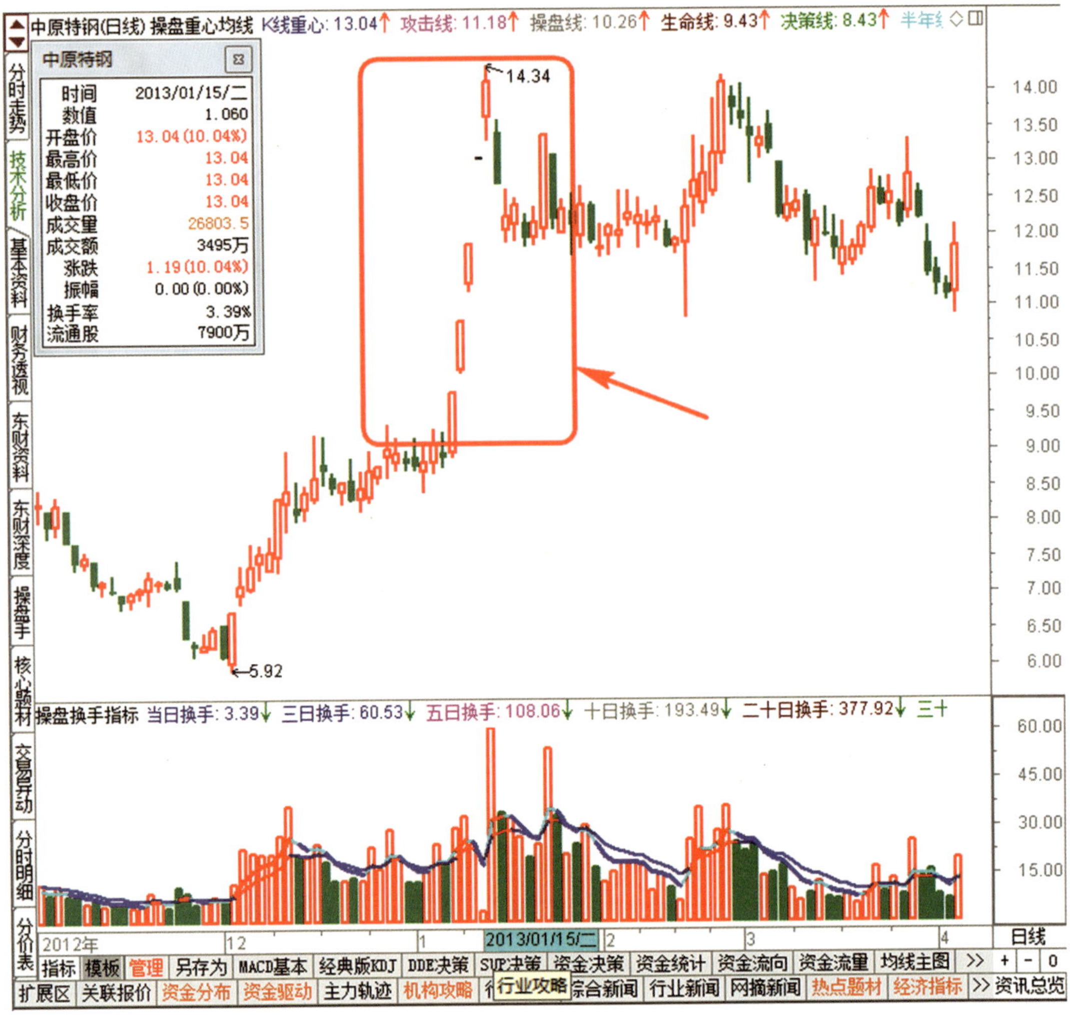

实训图谱 074

认真观察实训图谱，对照所学习的股谱，把自己的学习心得体会写下来：

（1）股价所在的空间位置：____

（2）K线形态的结构特征：____

（3）股价对应的量能结构：____

（4）阅读本图的核心要领：____

（5）实战操盘的应对策略：____

075◇高档回调◇月明星稀谱：高档弃十字星

【股谱原文】

◇在涨幅已大的情况下，股价跳空上扬，形成一根十字线，第二天却又向下跳空拉出一根阴线，这是行情即将转盘下跌的先兆。高位的十字星本身即表明多头上攻时已经十分犹豫，再加上一根实体较长的下跳阴线，卖出信号相当明确。本谱中的十字星犹如黄昏时的太白金星，在天空中不断闪烁，预示着黑暗的到来，随即月亮升起，夜幕降临，正所谓“月明星稀，乌鹊南飞。绕树三匝，何枝可依?”多头在随之而来的快速调整中也将没有栖身之地，故称“月明星稀谱”。

◇黑暗即将降临，何不早点回家?即使不在出现高档十字架的当天获利了结，也应该在第二天跳低开盘时及时退出吧!

图例 075　◇高档回调◇月明星稀谱：高档弃十字星

【道破 K 线天机】实训图谱 075

实训图谱 075

认真观察实训图谱，对照所学习的股谱，把自己的学习心得体会写下来：

（1）股价所在的空间位置：________________

（2）K 线形态的结构特征：________________

（3）股价对应的量能结构：________________

（4）阅读本图的核心要领：________________

（5）实战操盘的应对策略：________________

076◇高档回调◇出师未捷谱：高档弃弓形线

【股谱原文】

◇在高价圈出现一根跳空向上的弓形线，第二天随即收出一根实体较长的阴线，它表示股价在经过大幅涨升之后高位遇阻，虽然买方的勇士前赴后继，却无法将防线向上推移，反而相继阵亡，成为山顶墓碑的祭奠对象，正是“出师未捷身先死，长使英雄泪满襟”，故称“出师未捷谱”。

◇多头出师不利，自然要进行调整。有货的投资者应赶紧出货，最迟要在第二天股价走低至弓形线的收盘价之下时出局，以免自己成为阵亡将士的殉葬品。

图例 076 ◇高档回调◇出师未捷谱：高档弃弓形线

【道破K线天机】实训图谱 076

实训图谱 076

认真观察实训图谱，对照所学习的股谱，把自己的学习心得体会写下来：

（1）股价所在的空间位置：________

（2）K 线形态的结构特征：________

（3）股价对应的量能结构：________

（4）阅读本图的核心要领：________

（5）实战操盘的应对策略：________

077◇高档回调◇太公钓鱼谱：高档弃吊颈线

【股谱原文】

◇股价在高档急速上扬，大幅高开后向下回落，至尾市时才被拉回到开盘价附近，如果第二天低开低走，使得前边的剑形线成为前后皆空的吊颈线，也是行情见顶的明显信号，股价即将进入调整。本谱中一根无钩的钓鱼线挂在高空，就好像姜太公钓鱼，愿者上钩，此时作多，无异于自投罗网，故称之为“太公钓鱼谱”。

◇尾市时的拉高是投资者最好而又最后的出局良机，此时千万不要有丝毫犹豫。

图例 077　◇高档回调◇太公钓鱼谱：高档弃吊颈线

【道破K线天机】实训图谱077

实训图谱077

认真观察实训图谱，对照所学习的股谱，把自己的学习心得体会写下来：

（1）股价所在的空间位置：________

（2）K线形态的结构特征：________

（3）股价对应的量能结构：________

（4）阅读本图的核心要领：________

（5）实战操盘的应对策略：________

078◇高档回调◇秋菊竞艳谱：高档尽头阳线

【股谱原文】

◇在持续涨升之后走出一根带有较长上影线的中大阳线，随后即收出一颗实体被包孕在前一阳线上影线内的小阳线，这根小阳线只不过是一根“障眼线”，因为它并没有超越前一天的最高点，说明股价已上涨乏力，即将开始回调。本谱中最后一根阳线似乎要与前一阳线一试短长，就好像秋日菊花在争奇斗艳一样，而随着秋菊的凋谢，寒冬的来临也就成为必然，正是“待到秋来九月八，我花开后百花杀”，故称“秋菊竞艳谱”。

◇秋将尽，冬将临，敏感的候鸟，还是趁早南归越冬吧！

图例 078　◇高档回调◇秋菊竞艳谱：高档尽头阳线

【道破K线天机】实训图谱078

实训图谱078

认真观察实训图谱，对照所学习的股谱，把自己的学习心得体会写下来：

（1）股价所在的空间位置：________________

（2）K线形态的结构特征：________________

（3）股价对应的量能结构：________________

（4）阅读本图的核心要领：________________

（5）实战操盘的应对策略：________________

079◇高档回调◇高不胜寒谱：绝顶独阴线

【股谱原文】

◇在一段持续上扬行情之后，股价大幅向上跳空高开，因为遭到获利盘的压制而回落至前收盘附近报收，第二天顺势低开低走，留下一根空前绝后的阴线高耸云端。此种图形似乎是因为股价升幅过大，原来的多头已经感受到高空的寒意而纷纷向下退却，故称“高不胜寒谱”。

◇谱中绝顶阴线的高开是主力机构为拉高出货而有意所为，因而也就成为中小散户的出局良机，投资者应抓紧时机获利了结。

图例 079 ◇高档回调◇高不胜寒谱：绝顶独阴线

【道破 K 线天机】实训图谱 079

实训图谱 079

认真观察实训图谱，对照所学习的股谱，把自己的学习心得体会写下来：

（1）股价所在的空间位置：______

（2）K 线形态的结构特征：______

（3）股价对应的量能结构：______

（4）阅读本图的核心要领：______

（5）实战操盘的应对策略：______

080◇高档回调◇一览众山谱：绝顶独阳线

【股谱原文】

◇股价加速上升，在高档拉出跳空阳线，不料第二天风云突变，一开盘就大幅向下跳空至前一阳线的开市价之下，收出高档反叛线或是伪阳线，为一波下挫行情定下基调。谱中的绝顶阳线正如古诗所言，“会当凌绝顶，一览众山小”，多头部队的英雄正在谈笑古今，指点江山，得意之情溢于言表，但正所谓“乐极生悲”，多头既已登上绝顶，下山的路却也将是非常的崎岖难行，故称“一览众山谱”。

◇多头气势盛极而衰，赶快掉转枪口吧！第二天大幅低开之时即应果断出局。

图例 080 ◇高档回调◇一览众山谱：绝顶独阳线

【道破K线天机】实训图谱 080

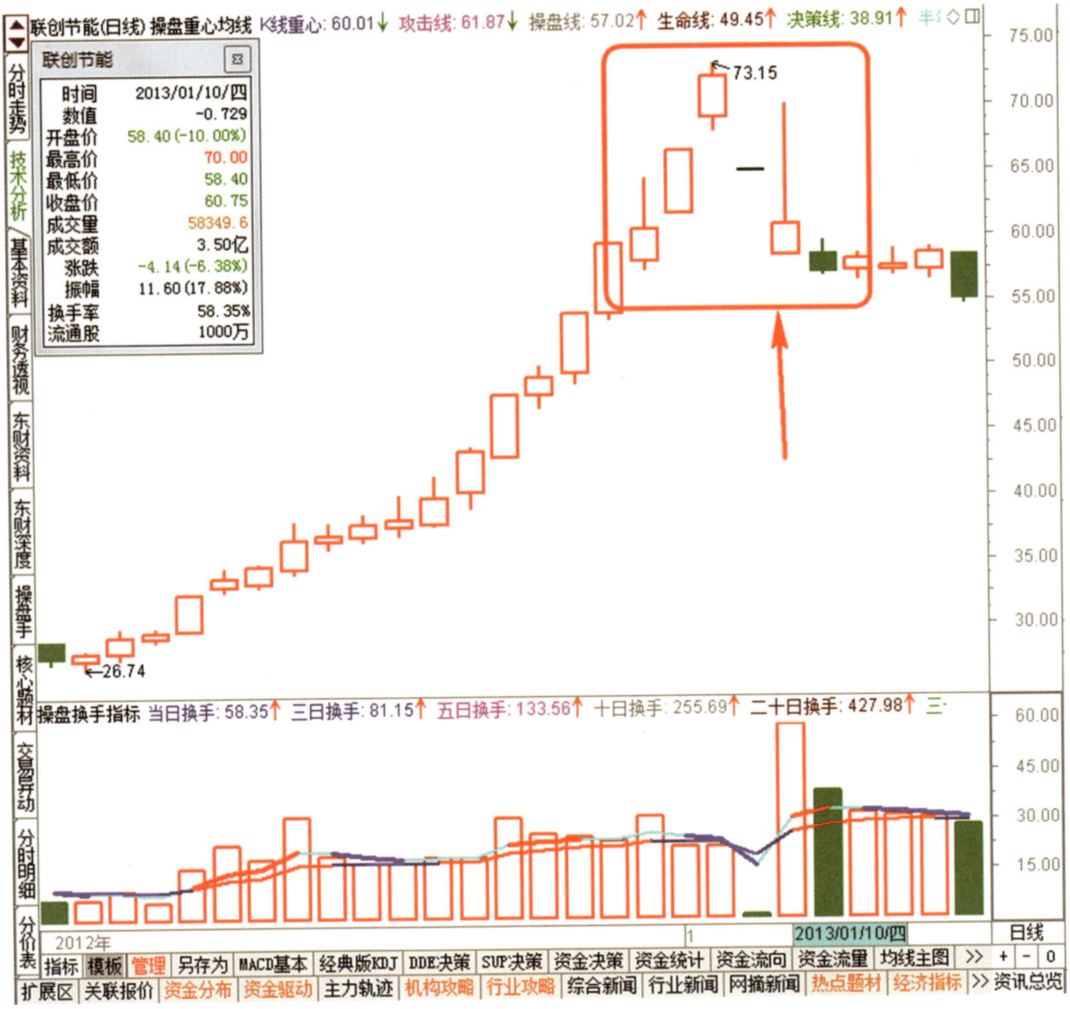

实训图谱 080

认真观察实训图谱，对照所学习的股谱，把自己的学习心得体会写下来：

（1）股价所在的空间位置：________________

（2）K 线形态的结构特征：________________

（3）股价对应的量能结构：________________

（4）阅读本图的核心要领：________________

（5）实战操盘的应对策略：________________

081◇高档回调◇双雁南归谱：高档跳空滑行线

【股谱原文】

◇股价在高档升势加速，收出一根向上跳空高开低收的阴线，第二天股价跳高至前一阴线的实体内开盘，但无法企稳，尾市回落至比前一天收市价更低的价位收盘，形成高档的跳空滑行线。本谱中两根阴线顺次向下，就好像北方的大雁担心严寒的到来，相继翩翩南下一样，故称“双雁南归谱”。

◇在高档拉出上跳阴线已是警戒信号，第二天再次高开低走，更显弱势，此时即应果断出货，最迟也要在收盘之前退出。

图例 081 ◇高档回调◇双雁南归谱：高档跳空滑行线

【道破K线天机】实训图谱081

实训图谱081

认真观察实训图谱，对照所学习的股谱，把自己的学习心得体会写下来：

（1）股价所在的空间位置：____________________

（2）K线形态的结构特征：____________________

（3）股价对应的量能结构：____________________

（4）阅读本图的核心要领：____________________

（5）实战操盘的应对策略：____________________

082◇高档回调◇偷天换日谱：高档阴包阳

【股谱原文】

◇股价经过连续上涨之后再拉阳线，隔日顺势高开后因获利回吐压力沉重，抛盘源源不断地涌出，买方放弃抵抗，接盘稀少，导致股价持续向下，并最终以低于前一阳线开盘价的价位收市，一口吞掉前一天的阳线，形成高位阴包阳之势。本谱图形看上去犹如前一刻还是艳阳高照，晴空万里，顷刻间却已是乌云蔽日，风斜雨横，好像换了一个天似的，故称“偷天换日谱”。

◇前一阳线之收盘价即是多头之生命线，只要跌穿这一价位，持股者即应毫不犹豫地退出观望。

图例 082 ◇高档回调◇偷天换日谱：高档阴包阳

【道破K线天机】实训图谱 082

实训图谱 082

认真观察实训图谱，对照所学习的股谱，把自己的学习心得体会写下来：

（1）股价所在的空间位置：________________

（2）K 线形态的结构特征：________________

（3）股价对应的量能结构：________________

（4）阅读本图的核心要领：________________

（5）实战操盘的应对策略：________________

083◇高档回调◇血色黄昏谱：高档最后包容阳线

【股谱原文】

◇股价持续上涨后出现一根阴线，第二天却又开低走高拉出一根大阳线，将前一天的阴线完全包住，这种现象乍看似乎是买盘再次增强，实质上却是多方的最后一涨，就好像黄昏时分残阳如血，绚丽动人，不过却是“夕阳无限好，只是近黄昏”，故称“血色黄昏谱”。

◇只要第三天的股价落到大阳线的收盘价之下，投资者即应断然卖出持股。

图例 083　◇高档回调◇血色黄昏谱：高档最后包容阳线

【道破K线天机】实训图谱083

实训图谱083

认真观察实训图谱，对照所学习的股谱，把自己的学习心得体会写下来：

（1）股价所在的空间位置：______

（2）K线形态的结构特征：______

（3）股价对应的量能结构：______

（4）阅读本图的核心要领：______

（5）实战操盘的应对策略：______

084◇高档回调◇天狗食月谱：高档阴包阴

【股谱原文】

◇股价在高档遭遇空头狙击，收出阴线，第二天再拉一根高开低走的大阴线，将前一阴线从头到脚一口吃掉，这也是股价见顶反转的信号。在这个时候，主力机构的清仓行动已到最后阶段，不再需要遮遮掩掩，其中的高开长阴即是最后一次的拉高出货，因而也是中小投资者难得的逃命线。本谱图形犹如天狗出行，皓月遭难，黑暗将临，故称“天狗食月谱”。

◇一般而言，第二天高开时是比较理想的出货点位，但由于当天的高开只是某些有心人的个别行为，缺少大众的认同，因而多半会迅速回落，此时便来不得半点犹豫，以免自己也被天狗吞吃下去。

图例 084 ◇高档回调◇天狗食月谱：高档阴包阴

【道破K线天机】实训图谱084

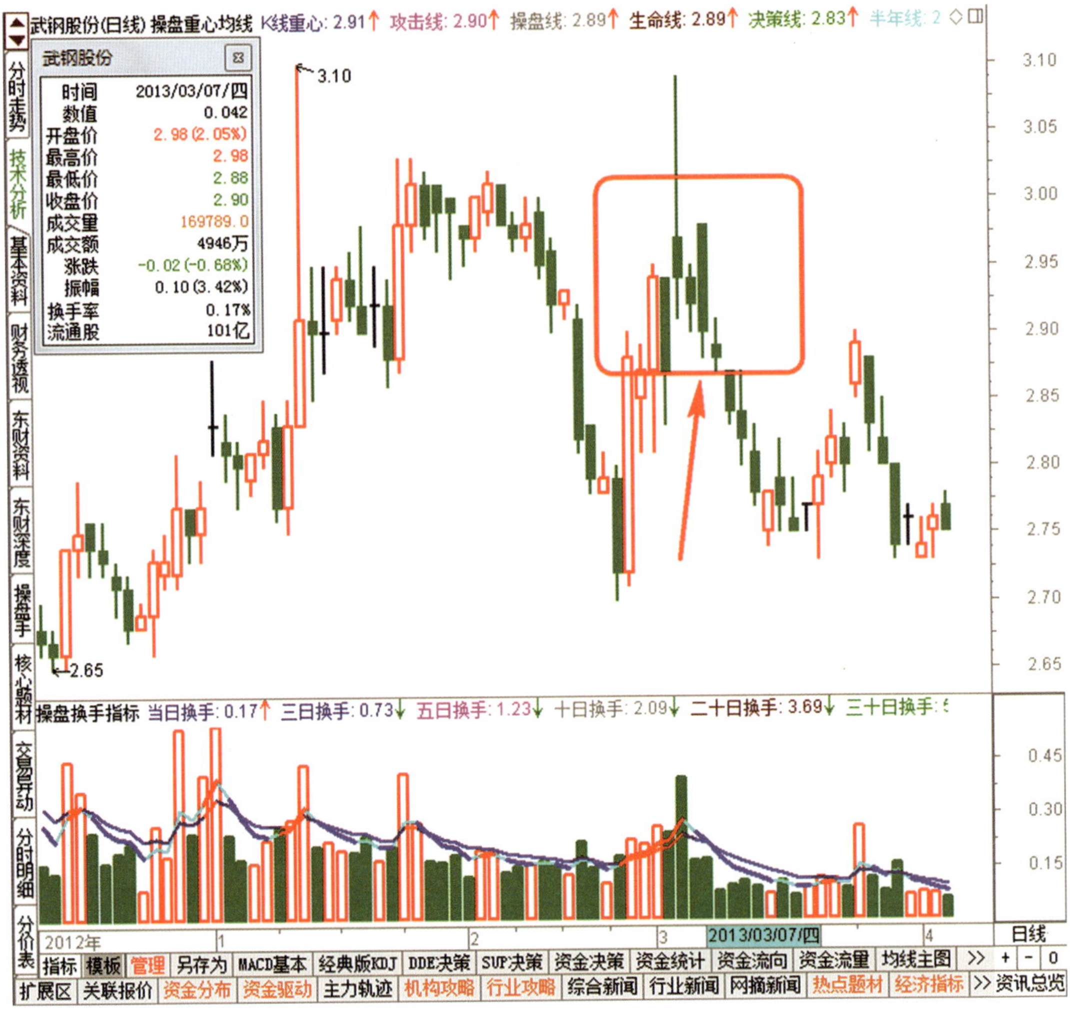

实训图谱084

认真观察实训图谱，对照所学习的股谱，把自己的学习心得体会写下来：

（1）股价所在的空间位置：________________

（2）K线形态的结构特征：________________

（3）股价对应的量能结构：________________

（4）阅读本图的核心要领：________________

（5）实战操盘的应对策略：________________

085◇高档回调◇冰河洗剑谱：高档阴包剑形线

【股谱原文】

◇股价快速上扬，在高档收出一根吊颈线，次日股价再次跳高开盘，但在空头的强力攻击下无法在高处企稳，不得不向下回落，在前一天最低价之下收市，从而将前一吊颈线完全包容在内。本谱中空头连续两天打压股价，并终于在低位建立防线，表示股价已至天顶，行情即将回软。而其图形则是高档的大阴包容剑形线，看上去似乎是高手比武已分胜负，正在冰河中擦洗宝剑上的血迹，故称之为“冰河洗剑谱”。

◇当第二天的股价落到前一吊劲线的收盘价之下时，即应及时出脱手中持股。实际上，如果在第一天尾市拉高时能够出局，则是求得“高枕无忧”的最好办法。

图例 085 ◇高档回调◇冰河洗剑谱：高档阴包剑形线

【道破K线天机】实训图谱 085

实训图谱 085

认真观察实训图谱，对照所学习的股谱，把自己的学习心得体会写下来：

（1）股价所在的空间位置：____________________

（2）K 线形态的结构特征：____________________

（3）股价对应的量能结构：____________________

（4）阅读本图的核心要领：____________________

（5）实战操盘的应对策略：____________________

086◇高档回调◇一叶惊秋谱：高档阳孕阴

【股谱原文】

◇股价在连续拉升后收出一根实体较长的阳烛，随后遭到空头的反击，股价低开收阴，其开盘与收盘价都未能突破前一阳线的高低点，这也表明股价上涨力道不足，即将向下回档。如第三天再拉一根实体或上影较长的阴线，则更是股价暴跌的先兆。这种图形看起来就像秋风乍起时一片枯叶随风飘落，虽然仍是艳阳高照，却已让人有秋意逼人之感，正是“渐觉一叶惊秋，残蝉噪晚、素商时序”故称“一叶惊秋谱”。

◇在高档走出“一叶惊秋谱”，虽然不一定会快速回档，但投资应以安全为第一原则，只要第三天股价低开，或者是平开低走，即应出局观望。

图例 086　◇高档回调◇一叶惊秋谱：高档阳孕阴

【道破K线天机】实训图谱086

实训图谱086

认真观察实训图谱，对照所学习的股谱，把自己的学习心得体会写下来：

（1）股价所在的空间位置：____________________

（2）K线形态的结构特征：____________________

（3）股价对应的量能结构：____________________

（4）阅读本图的核心要领：____________________

（5）实战操盘的应对策略：____________________

087◇高档回调◇落日残霞谱：高档阳孕阳

【股谱原文】

◇股价在高档收出一根阳线，之后再收一根小阳线，且完全孕育在前一天阳线的实体内，这也是股价上升乏力的迹象，表明股价即将回档整理。本谱的图形看起来就像夕阳西沉时的片片晚霞，虽然十分的美丽，却勾起了远方游子的点点离愁，正所谓“夕阳西下，断肠人在天涯”，故称“落日残霞谱”。

◇当第二天的收盘价不可能超越前一阳线的收盘时，投资者就应下定决心，及早落袋为安。

图例 087　◇高档回调◇落日残霞谱：高档阳孕阳

【道破K线天机】实训图谱087

实训图谱087

认真观察实训图谱，对照所学习的股谱，把自己的学习心得体会写下来：

（1）股价所在的空间位置：________________

（2）K线形态的结构特征：________________

（3）股价对应的量能结构：________________

（4）阅读本图的核心要领：________________

（5）实战操盘的应对策略：________________

088◇高档回调◇晚晴风歇谱：高档阳孕十字星

【股谱原文】

◇股价在高档拉出中大阳线，第二天即走出一颗完全被包孕在前一阳线实体之内的十字星，此种图形表明股价已至高位，市场人士多改持观望态度，不愿追高，买盘力道减弱，宋词有云：“晚晴风歇，一夜春威折”，故称“晚晴风歇谱”。

◇当十字星有望形成时，持股者即应先行获利了结。即使想再观望一下，也须在第二天低开时果断出局。

图例 088 ◇高档回调◇晚晴风歇谱：高档阳孕十字星

【道破 K 线天机】实训图谱 088

实训图谱 088

认真观察实训图谱，对照所学习的股谱，把自己的学习心得体会写下来：

（1）股价所在的空间位置：________________

（2）K 线形态的结构特征：________________

（3）股价对应的量能结构：________________

（4）阅读本图的核心要领：________________

（5）实战操盘的应对策略：________________

089◇高档回调◇解甲归田谱：高档阳孕吊颈线

【股谱原文】

◇股价长期向上，最后还加速上涨，在高档收出大阳线，但此时多方已成强弩之末，第二天就未能顺势高开高走，反而跳低至前一阳线的实体内开盘，并因获利盘的涌出而向下回落，多头仅能在尾市时加以反抗，将股价拉回开盘价附近收市，从而形成吊颈线。此剑形线完全孕育在前一阳线之内，似乎表明多头已经无心再战，鸣金收兵，还剑入鞘，故称“解甲归田谱”。

◇尾市的拉抬是多头的垂死挣扎，一般在此时即应退出市场，如果第二天低开，更不能有半点犹豫。

图例 089 ◇高档回调◇解甲归田谱：高档阳孕吊颈线

【道破K线天机】实训图谱 089

实训图谱 089

认真观察实训图谱，对照所学习的股谱，把自己的学习心得体会写下来：

（1）股价所在的空间位置：____________________

（2）K 线形态的结构特征：____________________

（3）股价对应的量能结构：____________________

（4）阅读本图的核心要领：____________________

（5）实战操盘的应对策略：____________________

090◇高档回调◇风摧秀木谱：高档覆盖线

【股谱原文】

◇股价连续扬升，在高档走出大阳线，第二天股价顺势高开，由于受到获利回吐盘的影响，卖压涌现，而买盘又不愿追高，股价持续滑落，并跌至前一阳线的实体之内收盘，从而形成覆盖线组合。此覆盖线出现在长期上涨后的高位，极有可能构成行情见顶的信号。这种图形看起来就像多方正要向上冒头，却突遭卖方兜头一棒，正所谓“木秀于林，风必摧之”，故谓之“风摧秀木谱”。

◇当股价降到前一阳线的收盘价之下时，就是明白无误而又稳妥可靠的出货信号。

图例090 ◇高档回调◇风摧秀木谱：高档覆盖线

【道破 K 线天机】实训图谱 090

实训图谱 090

认真观察实训图谱，对照所学习的股谱，把自己的学习心得体会写下来：

（1）股价所在的空间位置：____________________

（2）K 线形态的结构特征：____________________

（3）股价对应的量能结构：____________________

（4）阅读本图的核心要领：____________________

（5）实战操盘的应对策略：____________________

091◇高档回调◇魂断蓝桥谱：高档阳夹阴

【股谱原文】

◇股价在高档走出大阳线，第二天即被一条长阴（包括湮没线、阴包阳、下拖线）所吞没，第三天多头再发余威，奋力拉高，却只能拉出一根切入线，这种图形暗示股价已到达天价区，只要接下来再出现覆盖线，投资者就应及早出局。本谱中多方的攻势连续两次被空头成功阻截，呈现出高位阴阳震荡的态势，多空双方经过激烈搏杀，已经由空方夺得了行情的主动权，多方虽然心有不甘，却不得不向下退却，“蒹葭苍苍，白露为霜。所谓伊人，在水一方”，最后的胜利成了可望而不可及的幻影，令人不由得扼腕痛惜，故称“魂断蓝桥谱”。

◇当第四天的股价下跌至前一阳线的收市价之下时，就是最后的出局机会，随之而来的回调走势可能会非常凌厉，投资者不得不防。

图例 091　◇高档回调◇魂断蓝桥谱：高档阳夹阴

【道破K线天机】实训图谱091

实训图谱091

认真观察实训图谱，对照所学习的股谱，把自己的学习心得体会写下来：

（1）股价所在的空间位置：________________

（2）K线形态的结构特征：________________

（3）股价对应的量能结构：________________

（4）阅读本图的核心要领：________________

（5）实战操盘的应对策略：________________

092◇高档回调◇夕阳寒鸦谱：高档下拖线

【股谱原文】

◇股价在高档拉出中大阳线，多头气势强盛，不料第二天买气突然消失，股价跳低至前一阳线的实体内开盘，并在空头的大力打压下低走至前一阳线的开盘价之下收市，形成高档的下拖线。股价的长期攀升本已造成了大量的获利盘，再加上遭此突然袭击，多头的上攻欲望必定大打折扣，股价的调整也就势在必然。本谱是一只寒鸦在夕阳下飞来飞去，预示着黑夜的到来，正是“汉口夕阳斜渡鸟，洞庭秋水远连天”，故称“夕阳寒鸦谱”。

◇当股价跳低开盘，并且无望反弹时，即可趁早了结。事实上，下拖线往往都没有什么上影线，即使有上影，也总是十分短小，因而等待反弹是不太明智的。

图例 092　◇高档回调◇夕阳寒鸦谱：高档下拖线

【道破K线天机】实训图谱092

实训图谱092

认真观察实训图谱，对照所学习的股谱，把自己的学习心得体会写下来：

（1）股价所在的空间位置：________________

（2）K线形态的结构特征：________________

（3）股价对应的量能结构：________________

（4）阅读本图的核心要领：________________

（5）实战操盘的应对策略：________________

093◇高档回调◇卷土重来谱：高档二次狙击性阴线

【股谱原文】

◇股价在高档遇到空头狙击，在一根阳线后即被还以一根阴线，展开小幅回调，随后多头再次发力，将股价拉起，但在接近前一次遇阻的价格区又一次遇袭，不得不停下脚步。空头在高位连续两次成功地挡住了多头的上攻之势，暗示其实力已经有了较大的增强，即将卷土重来，向多头展开反攻倒算，故称“卷土重来谱”。

◇多头两次向上发起冲击都不幸遇阻，其实力的削弱已是不争之事实，极有可能构成M头形态，因而此时已是较为适当的出货时机，投资者不必等到股价下穿颈线位时再来出货，应以安全为上。即使随后不发生快速回调，出货后也没有什么损失。

图例 093 ◇高档回调◇卷土重来谱：高档二次狙击性阴线

【道破K线天机】实训图谱093

实训图谱 093

认真观察实训图谱，对照所学习的股谱，把自己的学习心得体会写下来：

（1）股价所在的空间位置：____________________

（2）K 线形态的结构特征：____________________

（3）股价对应的量能结构：____________________

（4）阅读本图的核心要领：____________________

（5）实战操盘的应对策略：____________________

第四章

低出定式原文及实训模版

第一节 快速下滑定式

094◇快速下滑◇泉咽危石谱：下档盘整后大阴突破

【股谱原文】

◇股价随着大而有力的阴线向下急挫，在低档将稍做整理，接下来若出现跳空阴线或是大阴线，则是另一波大跌的起步。一般情况下，这种盘整都只不过是中段的弱势整理，时间一般在 4 至 11 天之间，休整结束后股价仍将下挫。本谱的图形看上去犹如悬崖飞瀑直下水潭，泉水将在此稍作盘旋停留，随后仍将向下流去。而泉水下冲时发出的轰鸣声都被悬崖峭壁所隔断，听起来就象是在呜咽一样，正是“泉声咽危石，日色冷青松”，故称之为“泉咽危石谱”。

◇股价大跌以后，多方没有反击能力，只能在大阴线的实体下端进行整理，已经是十分弱势的表现，股民在此时即应痛下决心，斩仓出局。如果再形成向下突破，则更不能有半点犹豫，随后的调整幅度与速度往往都会超出人们的想象。

图例 094 ◇快速下滑◇泉咽危石谱：下档盘整后大阴突破

【道破K线天机】实训图谱094

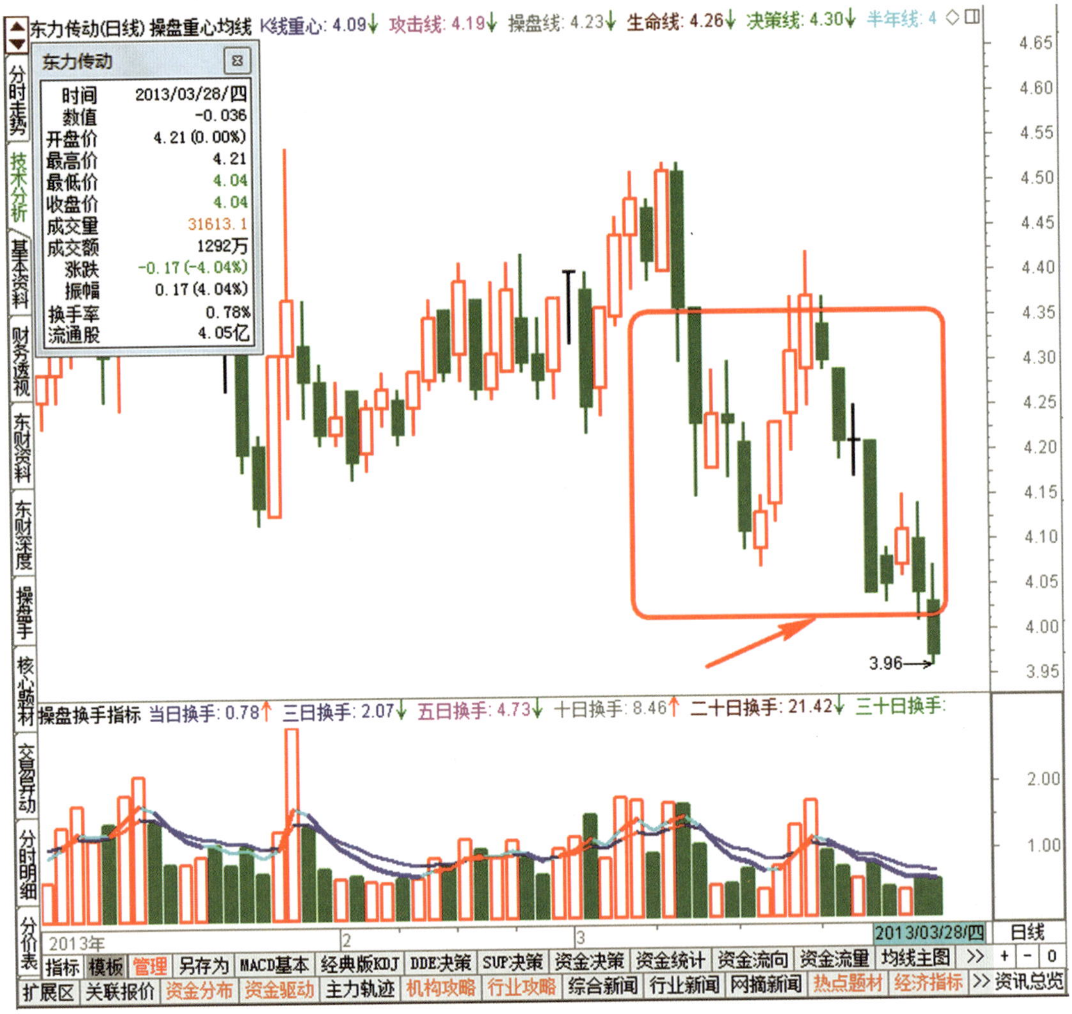

实训图谱094

认真观察实训图谱，对照所学习的股谱，把自己的学习心得体会写下来：

（1）股价所在的空间位置：________

（2）K线形态的结构特征：________

（3）股价对应的量能结构：________

（4）阅读本图的核心要领：________

（5）实战操盘的应对策略：________

095◇快速下滑◇一泻千里谱：跳水一字线后不补缺

【股谱原文】

◇股价受重大利空的打击，一开盘即以跌停板价开出，并一直将跌停封至收盘，从而在 K 线图上形成一字线。若是第二天继续低开，且不能回补一字线所形成的巨大缺口，投资者即应追卖出局。本谱图形看上去犹如天门中开，“黄河之水天上来，奔流到海不复回”，这是买盘彻底崩溃的信号，股价将一泻千里，因而称为“一泻千里谱”。

◇当形成下跳一字线时，除非反应特别迅速，当天一般都没有出货机会，因此，当第二天跳低开盘时，投资者应该抓住机会，赶紧清仓。

图例 095 ◇快速下滑◇一泻千里谱：跳水一字线后不补缺

【道破 K 线天机】实训图谱 095

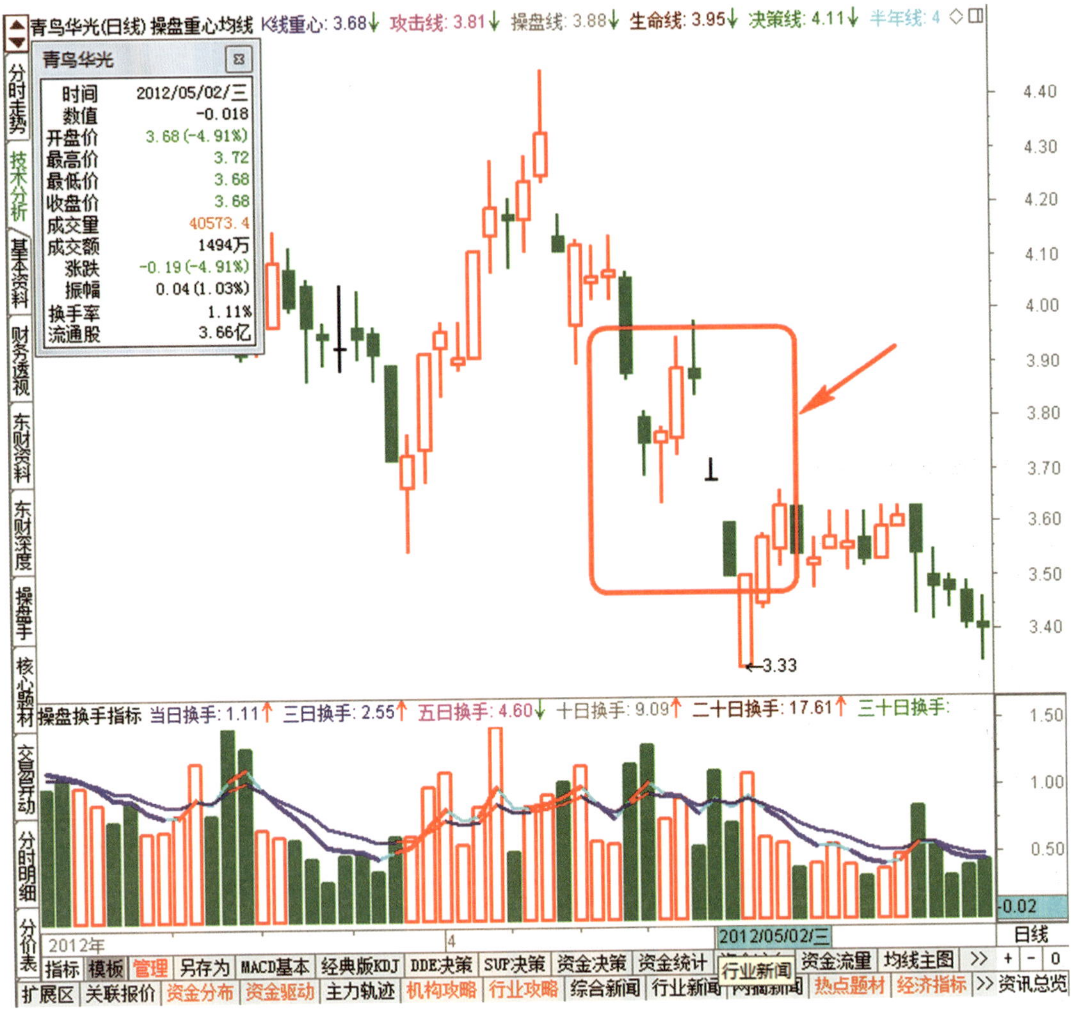

实训图谱 095

认真观察实训图谱，对照所学习的股谱，把自己的学习心得体会写下来：

（1）股价所在的空间位置：____________________

（2）K 线形态的结构特征：____________________

（3）股价对应的量能结构：____________________

（4）阅读本图的核心要领：____________________

（5）实战操盘的应对策略：____________________

096◇快速下滑◇夜雨频滴谱：二次跳空阴线

【股谱原文】

◇在下调行情中股价连续两次跳空向下，这是买盘崩溃的表现，投资者应及早出局，股价将加速下挫。本谱中多空争战完全呈现一边倒的局面，多头连招架之功也没有，更不用说还手之力，故而连续跳空下行，正是“梦觉透窗风一线，寒灯吹息。那堪酒醒，又闻空阶夜雨频滴”，故称“夜雨频滴谱”。

◇股价跳空下行即应果断退出，现在既然第二天还在跳空低走，就更不能再对反弹抱有半点不切实际的幻想，唯一要做的是彻底清仓。从中国股市的实际情况来看，只要不是跳空跌停，或是向下跳空后曾经回补缺口，连续跳空五、六次的现象也不是十分罕见的。

图例 096　◇快速下滑◇夜雨频滴谱：二次跳空阴线

【道破 K 线天机】实训图谱 096

实训图谱 096

认真观察实训图谱，对照所学习的股谱，把自己的学习心得体会写下来：

（1）股价所在的空间位置：________________

（2）K 线形态的结构特征：________________

（3）股价对应的量能结构：________________

（4）阅读本图的核心要领：________________

（5）实战操盘的应对策略：________________

097◇快速下滑◇一江春水谱：跳空滑行线

【股谱原文】

◇在下跌的行情中出现跳空下行的连续两根下降阴线（滑行线），这是股价将加速下挫的征兆。通常在出现缺口之前会有一小段反弹行情，但此种反弹往往都十分软弱无力，因而出现跳空的连阴，这表明买盘已彻底崩溃，股价将快速下行。本谱中多方毫无还手之力，走势极为疲弱，若问被套的投资者“能有许多愁，恰似一江春水向东流”，故称“一江春水谱”。

◇除非这一缺口有可能是竭尽缺口，否则还是应该“三十六计走为上”。

图例 097　◇快速下滑◇一江春水谱：跳空滑行线

【道破K线天机】实训图谱097

实训图谱097

认真观察实训图谱，对照所学习的股谱，把自己的学习心得体会写下来：

（1）股价所在的空间位置：________________

（2）K线形态的结构特征：________________

（3）股价对应的量能结构：________________

（4）阅读本图的核心要领：________________

（5）实战操盘的应对策略：________________

098◇快速下滑◇大浪淘沙谱：渐大三连阴

【股谱原文】

◇股价开始下调，连拉三根阴线，且其实体长度越来越大，即股价下行加速的迹象越来越明显，这也是提醒股民要抓紧出货，以避开随之而来的巨幅回调。一般说来，如果这三连阴都只是中小阴线，则很有可能紧接着拉出第四、第五条阴线；若是它们的实体已经比较长大，特别是当第三根阴线是大阴线时，说明空头的打压已经十分的肆无忌惮，随后的下挫也将是十分的迅猛而有力。在这样的下跌行情中，无论怎样的英雄人物都将被空方的滚滚洪流所吞没，正所谓“大江东去，浪淘尽、千古风流人物”，故而称为“大浪淘沙谱”。

◇还是不要硬充好汉，以免被大浪淘去吧！有货的应该赶紧清仓，无货的应该持币观望。

图例 098　◇快速下滑◇大浪淘沙谱：渐大三连阴

【道破K线天机】实训图谱098

实训图谱098

认真观察实训图谱，对照所学习的股谱，把自己的学习心得体会写下来：

（1）股价所在的空间位置：__________

（2）K线形态的结构特征：__________

（3）股价对应的量能结构：__________

（4）阅读本图的核心要领：__________

（5）实战操盘的应对策略：__________

099◇快速下滑◇落日浮云谱：下跌中途跳水十字星

【股谱原文】

◇股价正在下降，随后跳空收出一到三颗类十字星，这是出脱持股的良好机会，股价将进一步往下探底。本谱为下跌途中的无量星形整理形态，犹如一缕浮云，很快就将在山风的吹拂下消失得无影无踪，无所谓“浮云游子意，落日故人情。挥手自兹去，萧萧斑马鸣”，此时一别，不知何时才能相见，故称“落日浮云谱”。

◇出现下跳的类十字星时即可追卖，而不必等待加速下滑的大阴线。

图例 099 ◇快速下滑◇落日浮云谱：下跌中途跳水十字星

【道破K线天机】实训图谱 099

实训图谱 099

认真观察实训图谱，对照所学习的股谱，把自己的学习心得体会写下来：

（1）股价所在的空间位置：________________

（2）K 线形态的结构特征：________________

（3）股价对应的量能结构：________________

（4）阅读本图的核心要领：________________

（5）实战操盘的应对策略：________________

100◇快速下滑◇落花坠楼谱：下跌中途跳水弓形线

【股谱原文】

◇股价向下突破，跳低开盘后展开反弹，由于抛压沉重，买方无力，股价回落至开盘价附近收市，拉出一根下跳的弓形线。如果第二天低开，就说明多头已经放弃抵抗，投资者应趁早出局。谱中的下跳弓形线就像鲜花随风飘落，正是“日暮东风怨啼鸟，落花犹似坠楼人”，故称“落花坠楼谱”。

◇应该趁反弹出货，以免被关在笼子里边。最迟也应在第二天低开时出局。

图例 100 ◇快速下滑◇落花坠楼谱：下跌中途跳水弓形线

【道破K线天机】实训图谱 100

实训图谱 100

认真观察实训图谱，对照所学习的股谱，把自己的学习心得体会写下来：

（1）股价所在的空间位置：______

（2）K线形态的结构特征：______

（3）股价对应的量能结构：______

（4）阅读本图的核心要领：______

（5）实战操盘的应对策略：______

101◇快速下滑◇碧溪垂钓谱：下跌中途跳水剑形线

【股谱原文】

◇在持续下跌行情中，股价低开并大幅低走，由于短期内跌幅较大，多头部队展开反击，将股价拉至当天的较高位置收盘，拉出一根下跌中的剑形线。其中的长下影线只表明空头曾经将买方的防线撕开了一道大口子，并不表示股价将就此止跌，如果第二天向下跳低开盘，就说明股价将继续下滑，投资者可以追卖。本谱的钓鱼线出现在一连串阴线之中，就好像渔人在碧绿的溪水中钓鱼一样，故称之为“碧溪垂钓谱”。

◇一般情况下，本谱出现后有两种走法。一种是，第二天股价低开低走，收盘价落在钓鱼线的最低价之下，即第二天的阴线将前一天的长下影线全部抹掉，股价就将加速下挫；另一种走法是，第二天虽然也是低开低走，但幅度有限，空头未能将其长下影吃掉，股价的下行速度就会相对缓慢一些。但无论是哪种走法，下行趋势却是肯定不变的，因此，第二天低开时即应斩仓出局，以免遭受更大的损失。

图例 101 ◇快速下滑◇碧溪垂钓谱：下跌中途跳水剑形线

【道破K线天机】实训图谱 101

实训图谱 101

认真观察实训图谱，对照所学习的股谱，把自己的学习心得体会写下来：

（1）股价所在的空间位置：________________

（2）K 线形态的结构特征：________________

（3）股价对应的量能结构：________________

（4）阅读本图的核心要领：________________

（5）实战操盘的应对策略：________________

102◇快速下滑◇落红难缀谱：下跌中途小奉承线

【股谱原文】

◇股价持续下挫，连拉阴线，随后有一天开市时就出现大量多翻空现象，导致股价以较大的缺口向下跳低开盘。价格的偏低吸引了部分投资者的响应，股价反弹至接近前一天收市价的地方收盘，从而形成下跌中途的奉承线。但这只不过是部分投资者趁低吸纳之所为，股价并不会就此止跌，因而成为投资者中途离场的一个信号。本谱的最后一根阳线与其前面的阴线之间常常都有大小不等的缺口（有时也通过影线方式进行回补），故称之为“落红难缀谱”。

◇股价大幅低开后向上反弹，是出货的良机。且本谱的反弹十分软弱无力，说明股价远未到止跌企稳的时候，应该抓住反弹的机会继续清仓。

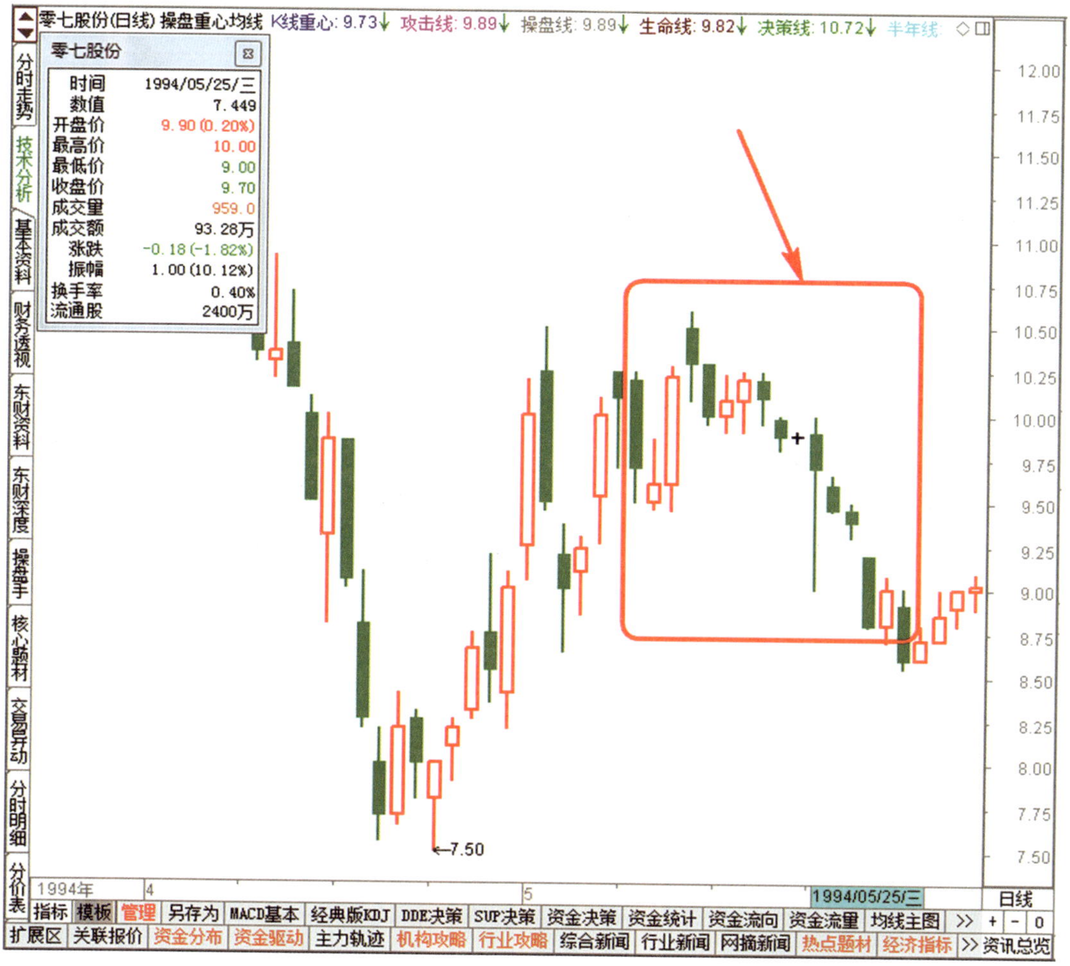

图例102　◇快速下滑◇落红难缀谱：下跌中途小奉承线

【道破 K 线天机】实训图谱 102

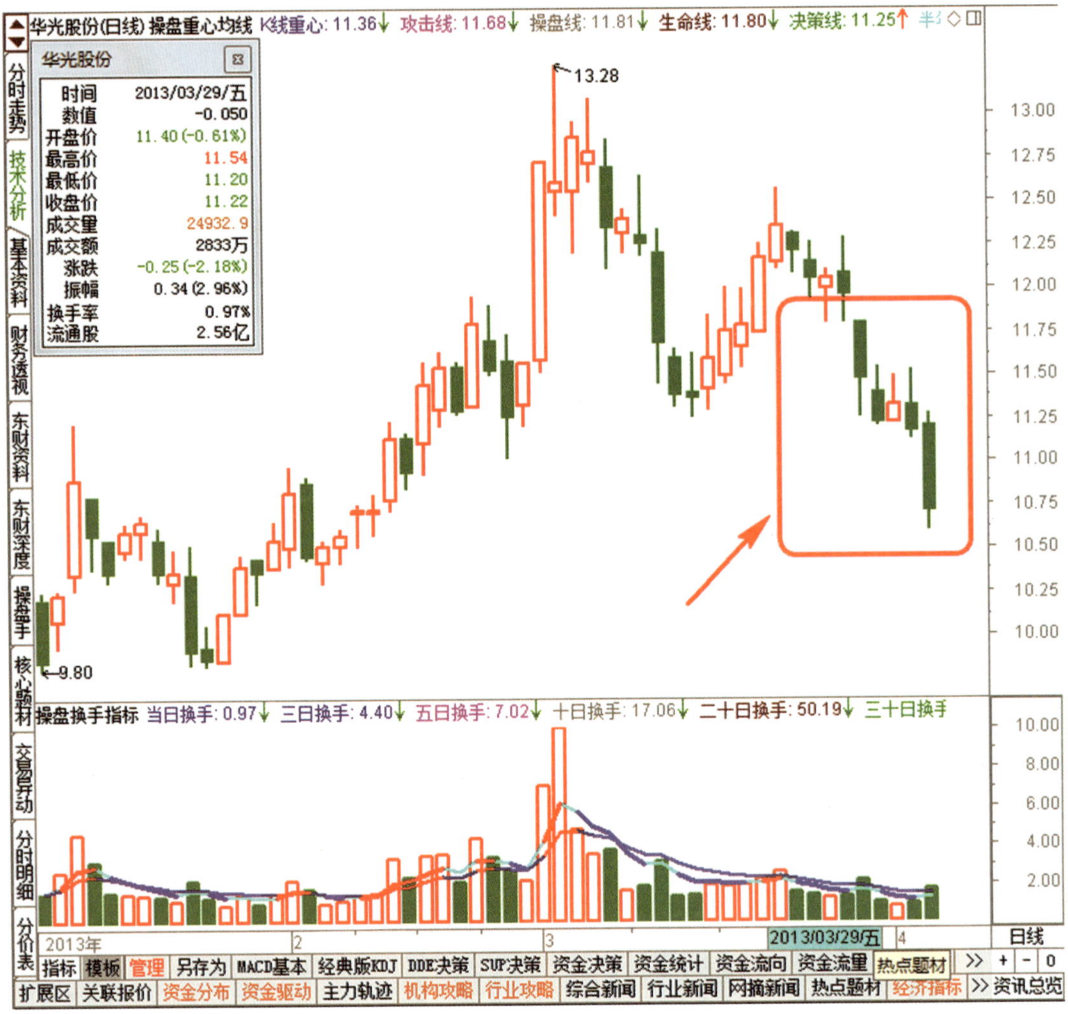

实训图谱 102

认真观察实训图谱，对照所学习的股谱，把自己的学习心得体会写下来：

（1）股价所在的空间位置：________________

（2）K 线形态的结构特征：________________

（3）股价对应的量能结构：________________

（4）阅读本图的核心要领：________________

（5）实战操盘的应对策略：________________

103◇快速下滑◇桃花流水谱：下跌中途伪阳线

【股谱原文】

◇在股价下行的过程中连续出现小阳线，但其开盘价和收盘价都是一天低于一天，形成伪阳线组合，这也是股价将快速下行的前兆，提醒投资者最好能中途出局。谱中的小阳线就像山溪中的桃花，只能随波逐流，完全不能把握自己的命运，不知道究竟要漂向何方，正是“桃花尽日随流水，洞在清溪何处边?”故称之为“桃花流水谱”。

◇本谱中的小阳线只可能成为一江春水中的点缀品，反弹时机尚未成熟，还是应该继续坚持持币观望的方针。

图例 103　◇快速下滑◇桃花流水谱：下跌中途伪阳线

【道破K线天机】实训图谱103

实训图谱103

认真观察实训图谱，对照所学习的股谱，把自己的学习心得体会写下来：

（1）股价所在的空间位置：______________________________

（2）K线形态的结构特征：______________________________

（3）股价对应的量能结构：______________________________

（4）阅读本图的核心要领：______________________________

（5）实战操盘的应对策略：______________________________

104◇快速下滑◇水阔鱼沉谱：下跌中途阴包阳

【股谱原文】

◇股价持续下行一段后遭到多头反抗，拉出一根小阳线，由于力量有限，反弹无力，空头正好趁虚而入，在第二天就全力施为，将前一天的小阳线从上到下一口吃掉，就好像鱼儿刚刚跳到水面上吸了一口气，马上又潜回水底去了一样，“渐行渐远渐无书，水阔鱼沉何处问？”家中的人连问个游子归期的地方都没有，股价的归期（止跌之时）又在何处呢？故称“水阔鱼沉谱”。

◇当股价低走至前一阳线的收盘价之下时，投资者即可追卖，而不必等到阴包阳组合形成以后才仓促行动。

图例 104　◇快速下滑◇水阔鱼沉谱：下跌中途阴包阳

【道破 K 线天机】实训图谱 104

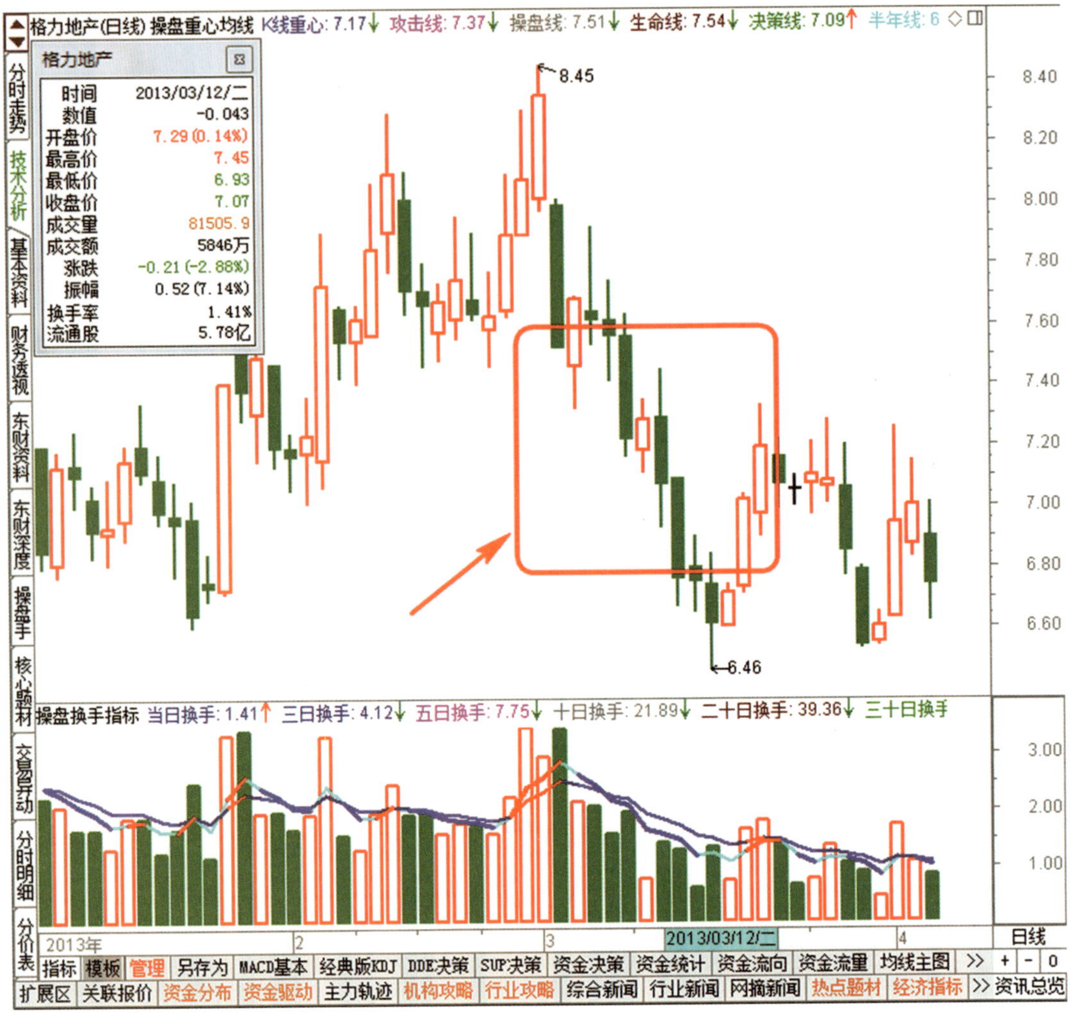

实训图谱 104

认真观察实训图谱，对照所学习的股谱，把自己的学习心得体会写下来：

（1）股价所在的空间位置：________________

（2）K 线形态的结构特征：________________

（3）股价对应的量能结构：________________

（4）阅读本图的核心要领：________________

（5）实战操盘的应对策略：________________

105◇快速下滑◇绿波依旧谱：下跌中途反叛线

【股谱原文】

◇股价下行一段以后，遭到多头抵抗，于是拉出一根向上的阳线。但是反弹只是昙花一现，第二天一开市，股价就直接跳低至前一阳线的开盘价之下开盘，将前一天买进的投资者全部套住。这种反弹结束得如此之快，就好像在长久分离之后，两个相爱的人刚一见面就要再次远别，心中的伤痛难以言表，正所谓“人面不知何处，绿波依旧东流”，因而称为“绿波依旧谱”。

◇多头再次失势，仍以出货为宜。

图例 105　◇快速下滑◇绿波依旧谱：下跌中途反叛线

【道破K线天机】实训图谱 105

实训图谱 105

认真观察实训图谱，对照所学习的股谱，把自己的学习心得体会写下来：

（1）股价所在的空间位置：____________________

（2）K 线形态的结构特征：____________________

（3）股价对应的量能结构：____________________

（4）阅读本图的核心要领：____________________

（5）实战操盘的应对策略：____________________

106◇快速下滑◇零落成泥谱：下跌中途下拖线

【股谱原文】

◇股价在下行途中收出一根小阳线，第二天即再遭空头沉重打击，股价直接跳低至小阳线的实体内开盘，并走低至其开盘价之下收市，形成一根下拖线。本谱图形犹如鲜花刚刚开放，却被一阵狂风吹落在地，“零落成泥碾作尘”，故称“零落成泥谱”。

◇投资者大可不必拘泥于“定式”的形式，在股价跳低开盘时即可追卖，以便尽可能减少损失。

图例 106　◇快速下滑◇零落成泥谱：下跌中途下拖线

【道破K线天机】实训图谱 106

实训图谱 106

认真观察实训图谱，对照所学习的股谱，把自己的学习心得体会写下来：

（1）股价所在的空间位置：________________

（2）K 线形态的结构特征：________________

（3）股价对应的量能结构：________________

（4）阅读本图的核心要领：________________

（5）实战操盘的应对策略：________________

107◇快速下滑◇帘卷秋霁谱：下跌中途阴包阳

【股谱原文】

◇股价连续下挫，由于在短时间内跌幅较大，股价暂时失去下行动力，于是在前一阴线的收盘价之上开出，并且走高收阳，从而与前一阴线形成阴孕阳组合。谱中的孕阳线表明多头的抵抗力量极其有限，反弹将十分微弱，就好像深秋时节，虽然雨后放晴，却始终无法避免冬天的到来，故称“帘卷秋霁谱”。

◇追卖，或者是继续持币观望。

图例 107　◇快速下滑◇帘卷秋霁谱：下跌中途阴包阳

【道破K线天机】实训图谱 107

实训图谱 107

认真观察实训图谱，对照所学习的股谱，把自己的学习心得体会写下来：

（1）股价所在的空间位置：__________

（2）K 线形态的结构特征：__________

（3）股价对应的量能结构：__________

（4）阅读本图的核心要领：__________

（5）实战操盘的应对策略：__________

第二节　震荡盘下定式

108◇震荡盘下◇月照孤舟谱：下跌中途覆盖线

【股谱原文】

◇股价连续下滑后遭遇多头反抗，收出阳线，但随即受到卖方的压制，第二天稍高开盘后就有许多卖盘涌出，将股价向下压低至前一阳线的实体内收市，形成下降途中的覆盖线组合。本谱中的阳线犹如一江碧水中的一叶孤舟，随后的覆盖性阴线则像高挂在天上的明月。月光静静地照在江面上，陪伴着旅人独自远航，“风鸣两岸叶，月照一孤舟”，故称之为“月照孤舟谱”。

◇当第二天的股价下滑至前一阳线的收盘价之下时，即是追卖的好机会。另外，本谱的下行速度与该阴线覆盖阳线的深度很有关系，如果是“盖帽线”，下行速度就将较为缓慢；假如是“灭顶线”，就会有快速下探的机会。

图例 108　◇震荡盘下◇月照孤舟谱：下跌中途覆盖线

【道破K线天机】实训图谱 108

实训图谱 108

认真观察实训图谱，对照所学习的股谱，把自己的学习心得体会写下来：

（1）股价所在的空间位置：__________

（2）K 线形态的结构特征：__________

（3）股价对应的量能结构：__________

（4）阅读本图的核心要领：__________

（5）实战操盘的应对策略：__________

109◇震荡盘下◇卷帷望月谱：下跌中途阴孕阴

【股谱原文】

◇股价在下滑途中走出一个阴孕阴组合，暗示空头的抛压已有所减弱，股价的下行速度将有减慢的可能。由于此前的下跌是匀速下行，而且缺少放量过程，因而股价仍将缓慢下滑，并不会就此止跌反弹，就好像远行的游子没有归期，家中的人即使“孤灯不明思欲绝”，也只有“卷帷望月空长叹”，故称“卷帷望月谱”。

◇追卖，或是继续在场外袖手旁观。

图例 109　◇震荡盘下◇卷帷望月谱：下跌中途阴孕阴

【道破K线天机】实训图谱109

实训图谱109

认真观察实训图谱，对照所学习的股谱，把自己的学习心得体会写下来：

（1）股价所在的空间位置：________

（2）K线形态的结构特征：________

（3）股价对应的量能结构：________

（4）阅读本图的核心要领：________

（5）实战操盘的应对策略：________

110◇震荡盘下◇目送芳尘谱：下跌中途并阳线

【股谱原文】

◇股价持续下滑后遭到多头抵抗，收出一根阳线，第二天再收一根几乎与其并排的阳线，形成下行途中的并阳线。多头在这两天的反弹中消耗掉了剩余的力量，随着买气的减弱，股价又将继续下挫。谱中的并阳线犹如一双眼睛，目送着相爱的人渐行渐远，不知何时才能相见，故称“目送芳尘谱”。

◇第二根阳线已经暴露了多头实力不足的内幕，空头必将乘虚而入，因而此时正是追卖的良机。

图例 110 ◇震荡盘下◇目送芳尘谱：下跌中途并阳线

【道破K线天机】实训图谱 110

实训图谱 110

认真观察实训图谱，对照所学习的股谱，把自己的学习心得体会写下来：

（1）股价所在的空间位置：__________

（2）K 线形态的结构特征：__________

（3）股价对应的量能结构：__________

（4）阅读本图的核心要领：__________

（5）实战操盘的应对策略：__________

111◇震荡盘下◇王燕低飞谱：下跌中途并阴线

【股谱原文】

◇股价持续下降一段时间后，跳空向下收出阴线，似乎跌势将要加快，但第二天股价并未如想象般低开低走，而是上跳至前一阴线的开盘价附近，随后虽然低走，但收盘价仍与前一收盘基本持平，从而形成并列阴线。此种组合是空头受挫的迹象，暗示股价的下跌动力将有所减弱。而本谱图形看起来就像两只并飞的燕子，从过去的高门显第（股价顶峰）飞入了寻常巷陌，“旧时王谢堂前燕，飞入寻常百姓家”，因而称之为“王燕低飞谱”。

◇本谱只是暗示股价的下跌有减速的可能性，但并不会就此止跌，因此，还是应以场外观望为主，从时间成本的角度来考虑，也是如此。

图例 111 ◇震荡盘下◇王燕低飞谱：下跌中途并阴线

【道破 K 线天机】实训图谱 111

实训图谱 111

认真观察实训图谱，对照所学习的股谱，把自己的学习心得体会写下来：

（1）股价所在的空间位置：________________

（2）K 线形态的结构特征：________________

（3）股价对应的量能结构：________________

（4）阅读本图的核心要领：________________

（5）实战操盘的应对策略：________________

112◇震荡盘下◇秋色连波谱：下跌中途攀援线

【股谱原文】

◇多头不甘于自己的失败，在股价下行时进行抵抗，连拉两根向上的小阳线。由于力量有限，即使买方拼命进攻，至多也只能勉强将股价拉到比前一根阴线的开盘价稍高的价位，一旦空头反攻，多头就有套牢之虞。谱中的两根小阳线就像秋日洒在江面上的几片金色涟漪，只要北风一吹，就将消失得无影无踪，正是“碧云天，黄叶地，秋色连波，波上寒烟翠”，故称“秋色连波谱”。

◇本谱之后的走势有两种可能性，一种是第三天即收阴线，重新开始下行趋势，另一种是第三天再收一根小阳，即演变成“落红满径谱”，也许有的投资者就想等这第三根小阳才逢高派发，但只要当天的股价落到前一阳线的收盘价之下，就不应再抱有什么不切实际的幻想。

图例 112 ◇震荡盘下◇秋色连波谱：下跌中途攀援线

【道破 K 线天机】实训图谱 112

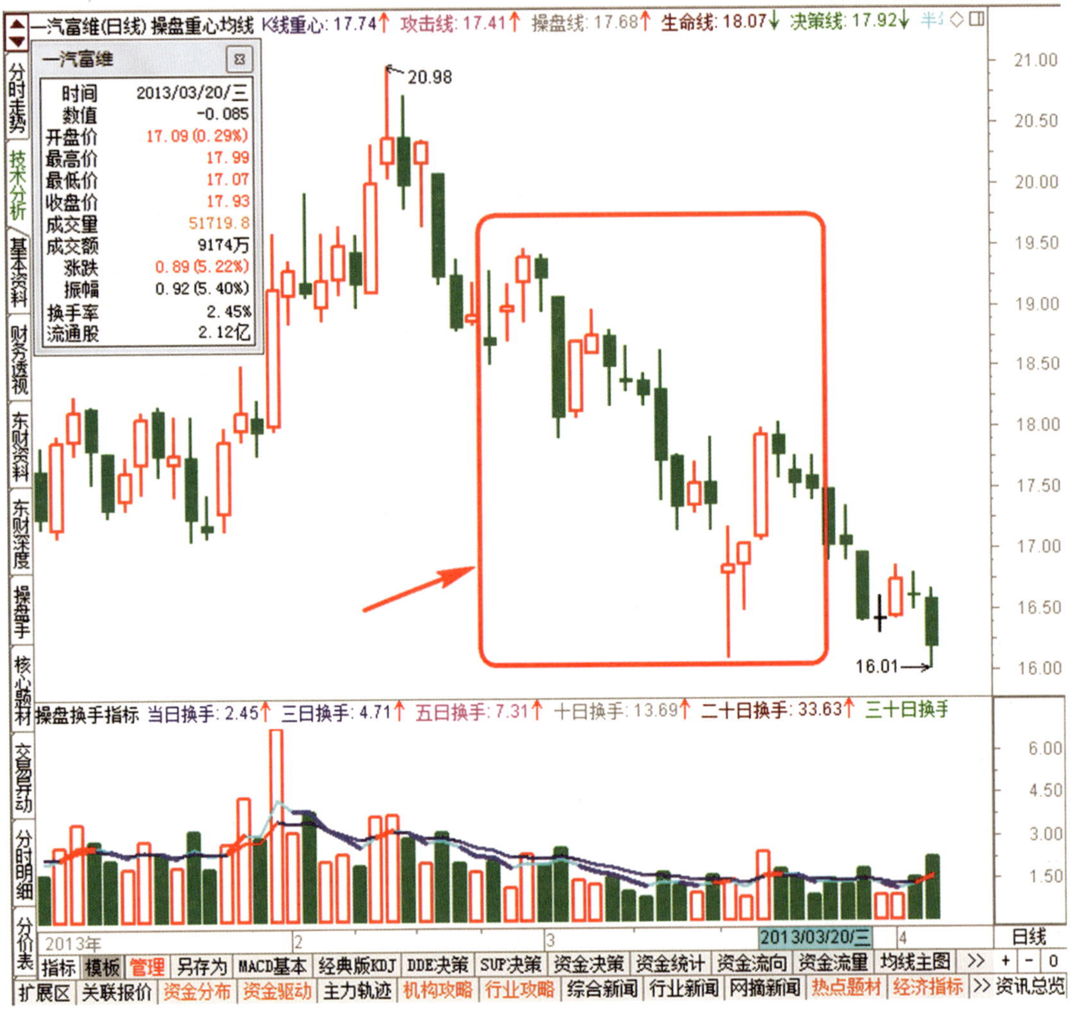

实训图谱 112

认真观察实训图谱，对照所学习的股谱，把自己的学习心得体会写下来：

（1）股价所在的空间位置：______________________

（2）K 线形态的结构特征：______________________

（3）股价对应的量能结构：______________________

（4）阅读本图的核心要领：______________________

（5）实战操盘的应对策略：______________________

113◇震荡盘下◇楼头残梦谱：下降三连击

【股谱原文】

◇股价连续下挫，接连拉出三根阴线，随后多方大举反攻，以一根大阳收复了前面三根阴线所丧失的领地，这种下跌中途的“三连击”表示多头平仓，由于多方在当天的反弹中已经消耗掉了全部的力量，因而股价将继续下行。本谱中最后一根大阳线属于买方的回光返照，似乎有些多头仍在闭眼不看大势所趋，继续抗争，妄图使股价重登高楼，但随之而来的阴线将彻底打破他们的美梦，故称之为“楼头残梦谱”。

◇投资者千万不要被这根大阳所迷惑，误以为这是反弹的开始。就股价运行的实际来看，第二天的走势多为低开低走，如果可能的话，应在拉大阳的当天尾市果断出货。

图例 113 ◇震荡盘下◇楼头残梦谱：下降三连击

【道破K线天机】实训图谱113

实训图谱113

认真观察实训图谱，对照所学习的股谱，把自己的学习心得体会写下来：

（1）股价所在的空间位置：________________

（2）K线形态的结构特征：________________

（3）股价对应的量能结构：________________

（4）阅读本图的核心要领：________________

（5）实战操盘的应对策略：________________

114◇震荡盘下◇落红满径谱：下降三法

【股谱原文】

◇行情持续向下，出现一根大阴线，随后多头展开防守反击，连续拉出三根向上的小阳线。然而，买方在这三天的上升行动中并未有太大的获利，甚至无法弥补大阴线出现那一天中的损失。多方的防守力量如此薄弱，自然会导致空头趁虚而入，于是顺理成章地形成了第二根大阴线，从而预示着股价将继续下滑。本谱拉阳的三天中卖方虽然暂时进入休整，但不过是在为下一步的继续打压股价积蓄力量，正所谓“风不定，人初静，明日落红应满径”，故称“落红满径谱”。

◇虽然股价连拉三阳，但由于缺少筑底的过程，故而随后仍将下跌，投资者应在第三天收阳时及时出局，最迟也应该在第四天股价降至前一阳线开盘价之下时退出。

图例 114　◇震荡盘下◇落红满径谱：下降三法

【道破K线天机】实训图谱 114

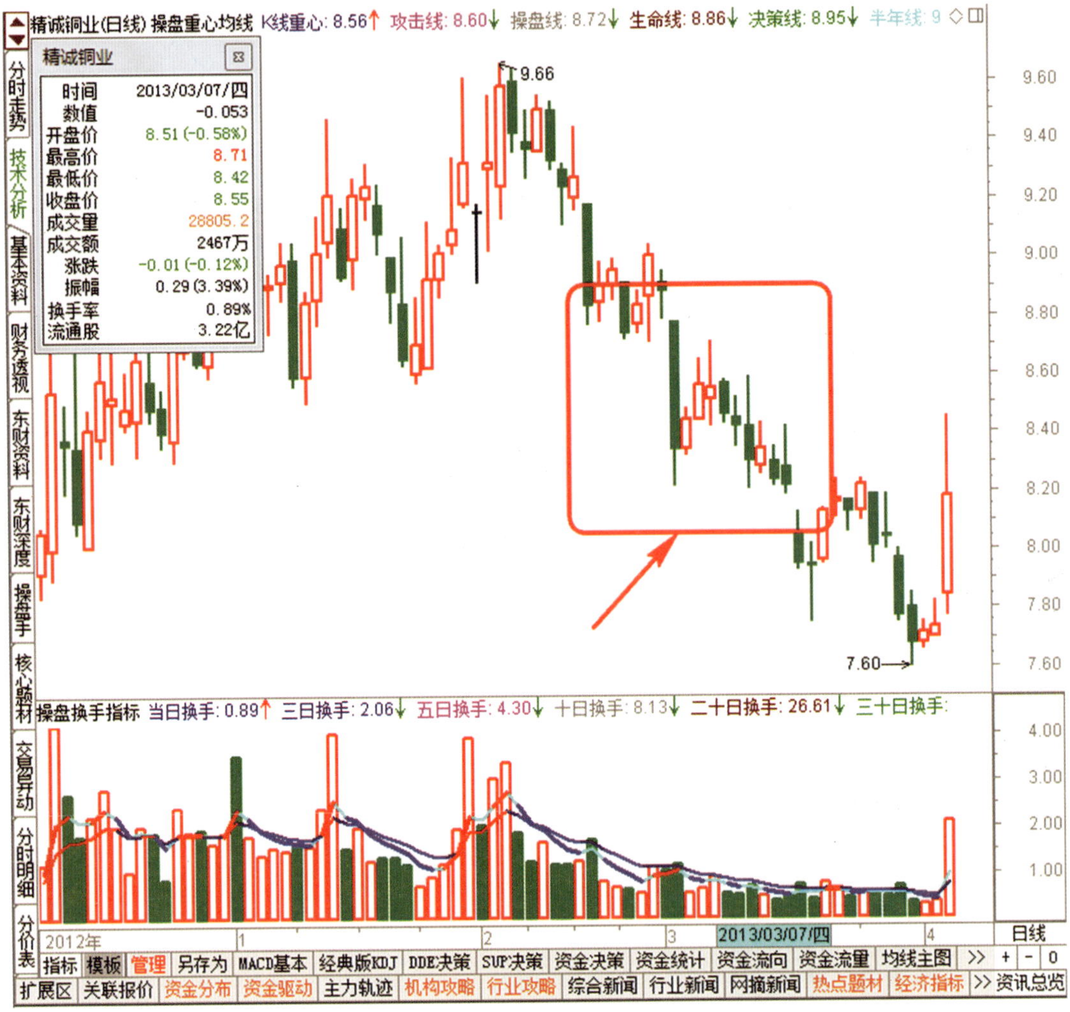

实训图谱 114

认真观察实训图谱，对照所学习的股谱，把自己的学习心得体会写下来：

（1）股价所在的空间位置：__________

（2）K 线形态的结构特征：__________

（3）股价对应的量能结构：__________

（4）阅读本图的核心要领：__________

（5）实战操盘的应对策略：__________

115◇震荡盘下◇抽刀断水谱：下降跳空三法

【股谱原文】

◇股价跳空下挫，第二天多头展开反击，直接跳高至前一阴线的实体内开盘并高走高收，走成一条上拉线，这也是股价续跌的前兆。此时多头的反抗只是一种无谓之举，不管该阳线能否将前一天的跳空缺口完全补上，股价都将继续下行。就好像抽刀断水一样，是不可能的事，正所谓“抽刀断水水更流，举杯消愁愁更愁”，故称“抽刀断水谱”。

◇反弹时机尚未成熟，股民仍须持币观望。即使该缺口能在短期内完全封闭（即成为所谓的普通缺口），股价仍将继续盘跌。

图例 115 ◇震荡盘下◇抽刀断水谱：下降跳空三法

【道破K线天机】实训图谱 115

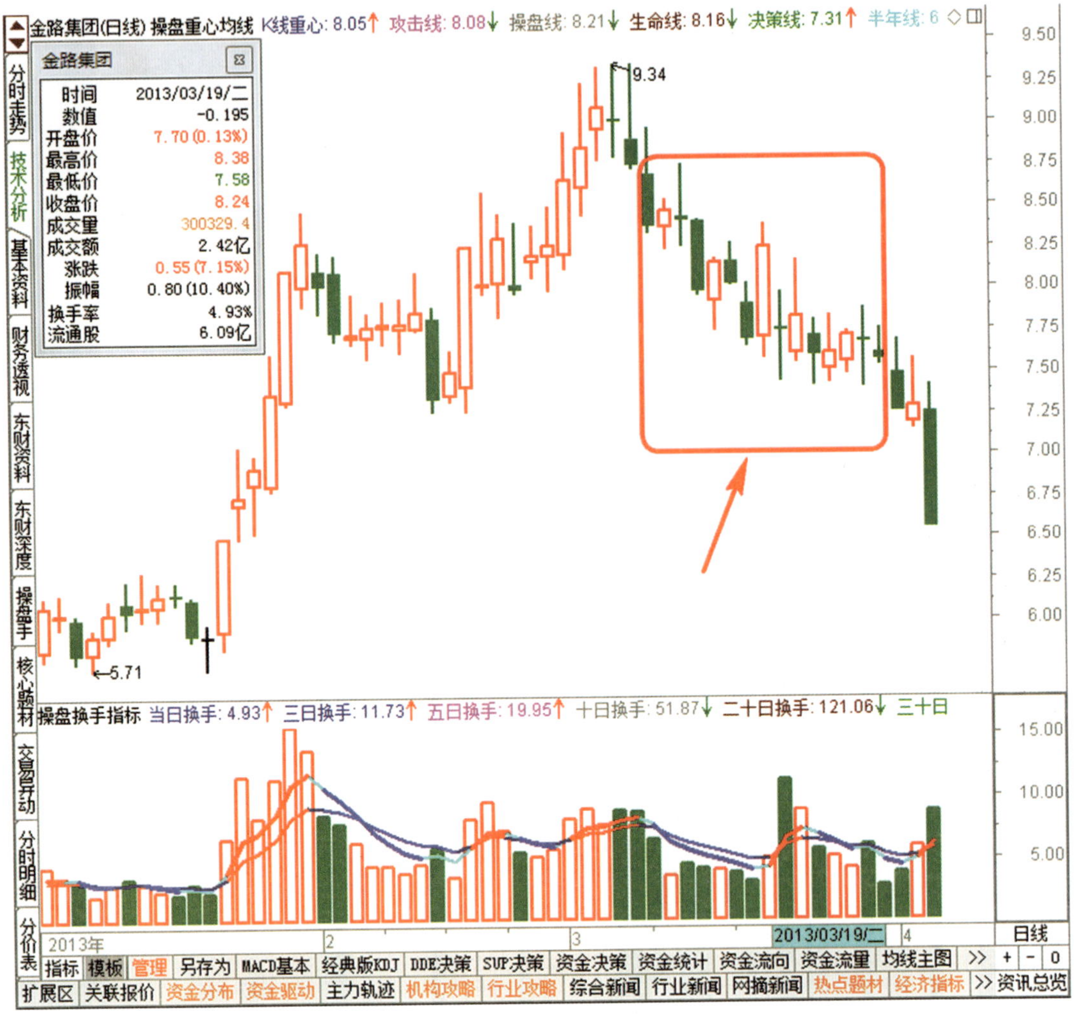

实训图谱 115

认真观察实训图谱，对照所学习的股谱，把自己的学习心得体会写下来：

（1）股价所在的空间位置：____________________

（2）K 线形态的结构特征：____________________

（3）股价对应的量能结构：____________________

（4）阅读本图的核心要领：____________________

（5）实战操盘的应对策略：____________________

116◇震荡盘下◇青山难遮谱：超越切入线或奉承线

【股谱原文】

◇在下跌行情中收出切入线或是奉承线，股价发生短暂而微弱的反弹，稍后又打穿此前阳线创出的短期底部，再创新低，这是股价将续跌的信号。本谱是股价反弹后再创地价，就好像江水浩荡东流，连绵的青山也无法阻住江水的去路，正是“青山遮不住，毕竟东流去”，故称“青山难遮谱”。

◇股价再创新低，这是多头势弱的表现，股民应丢掉幻想，趁早斩仓出局，以避免更大的损失。

图例 116 ◇震荡盘下◇青山难遮谱：超越切入线或奉承线

【道破K线天机】实训图谱116

实训图谱116

认真观察实训图谱，对照所学习的股谱，把自己的学习心得体会写下来：

（1）股价所在的空间位置：________________

（2）K线形态的结构特征：________________

（3）股价对应的量能结构：________________

（4）阅读本图的核心要领：________________

（5）实战操盘的应对策略：________________

117◇震荡盘下◇衰草凝绿谱：下跌中途“受阻黑三兵”

【股谱原文】

◇随着利空消息的突然出现，投资者大量抛售，在多杀多的情形下，股价一路下跌，形成一根长阴线。随后持股者经过认真分析，心理平静下来，不再急于杀出，虽然买气仍然薄弱，但卖压也相对减弱，阴线实体的长度便随之缩短，从而在K线图上形成“受阻黑三兵”的走势。股价的下行虽然受到阻挠，但要回到第一根阴线始跌时的高位却也有如六朝遗梦，正所谓“六朝旧事如流水，但寒烟、衰草凝绿”，前朝的繁华早已随着时光的流逝而烟消云散，只剩下簇簇青草在暮色中随风起伏，故称“衰草凝绿谱”。

◇本谱出现后的走势多半可分为两类。一类是由于下行受阻，股价只能震荡下滑；另一类则是剩余的空头不顾一切，倾巢而出，造成一条大阴线，然而由于空头的力量已经消耗殆尽，股价暂时失去下行动力，因此往往转而进入横盘或是盘下的走势。但无论哪种走法，反弹时机都还没有成熟，故股民仍应以场外观望为主。

图例 117 ◇震荡盘下◇衰草凝绿谱：下跌中途“受阻黑三兵”

第四章 低出定式原文及实训模版

【道破 K 线天机】实训图谱 117

实训图谱 117

认真观察实训图谱，对照所学习的股谱，把自己的学习心得体会写下来：

（1）股价所在的空间位置：____________________

（2）K 线形态的结构特征：____________________

（3）股价对应的量能结构：____________________

（4）阅读本图的核心要领：____________________

（5）实战操盘的应对策略：____________________

118◇震荡盘下◇前呼后拥谱：下跌中途“思考黑三兵”

【股谱原文】

◇股价一路下滑，连拉小阴，由于部分多头斩仓，导致了一根大阴线的形成，随后卖压迅速减弱，只能收出一根小阴线。这种下跌途中的“思考黑三兵”组合暗示空头后援不济，无法确定股价的前进方向。本谱是两根小阴中间夹一条大阴，看上去就像是古时候的官老爷出巡，前有鸣锣开道，后有仪仗护卫，表面上威风无比，实际上却是色厉内荏，故称“前呼后拥谱”。

◇空头在打压时左思右想，犹豫不决，并不表示股价下行将就此止步。有时适逢大气候比较恶劣，空方正好放手一搏，就会造成股价急挫一、两天；而其他情况下，空头由于缺少外部环境的配合，打压股价时缩手缩脚，股价就只能缓慢盘下。但不论怎样，股价的运行方向仍将以下行为主，股民仍以观望为主。

图例 118　◇震荡盘下◇前呼后拥谱：下跌中途“思考黑三兵”

【道破K线天机】实训图谱118

实训图谱118

认真观察实训图谱，对照所学习的股谱，把自己的学习心得体会写下来：

（1）股价所在的空间位置：________________

（2）K线形态的结构特征：________________

（3）股价对应的量能结构：________________

（4）阅读本图的核心要领：________________

（5）实战操盘的应对策略：________________

119◇震荡盘下◇疾风劲草谱：下跌中途阳夹阴

【股谱原文】

◇股价持续下行，途中曾遇买方反抗，收出一根阳线，随后空军鼓勇向前，股价收阴，第三天买方再次组织反攻，又拉阳线。卖方被前后夹击，股价的下行速度便不得不放慢。谱中先后两次拉出阳线，说明多头的力量已有所增强，虽然尚未有夺回主动权，但也不再是“人为刀俎，我为鱼肉”，多头完全任人宰割的局面。而从这两根阳线也可看出，虽然大势持续向下，仍有一些顽强的多头在坚持抗战，正所谓“疾风如劲草，板荡识诚臣”，故称之为“疾风劲草谱”。

◇本谱是表示多头实力略有增强的一种定式，但也要注意观察其中 K 线实体的大小。如果是阴线实体较大，阳线实体则明显要小得多，那么多空双方的力量对比仍然不成比例，股价仍将维持其原有的下行速率；如果阴阳线实体的大小相差不大，则说明多方的力量有了较大增长，差不多到了可以与空方正面抗衡的时候，就可以对此给以较多的关注。

图例 119　◇震荡盘下◇疾风劲草谱：下跌中途阳夹阴

【道破K线天机】实训图谱 119

实训图谱 119

认真观察实训图谱，对照所学习的股谱，把自己的学习心得体会写下来：

（1）股价所在的空间位置：__________

（2）K 线形态的结构特征：__________

（3）股价对应的量能结构：__________

（4）阅读本图的核心要领：__________

（5）实战操盘的应对策略：__________

120◇震荡盘下◇无语东流谱：下跌中途阴包阴

【股谱原文】

◇在股价下行途中，仍有少量多头在坚持抗战，不时对空方发动偷袭，有时甚至一开盘就直接将股价打到前一阴线的开市价之上。但由于多方缺少一个积蓄力量的过程，这种偷袭往往难以奏效，股价震荡走低至前收盘之下报收，并将继续维持下行趋势，就好象把一颗小石子丢进江心，最多能激起几个小小的涟漪，根本无法阻止大江东去，“惟有长江水，无语东流”，故称“无语东流谱”。

◇股价仍未到反弹之时，投资者仍须保持观望。

图例 120 ◇震荡盘下◇无语东流谱：下跌中途阴包阴

【道破K线天机】实训图谱 120

实训图谱 120

认真观察实训图谱，对照所学习的股谱，把自己的学习心得体会写下来：

（1）股价所在的空间位置：________________

（2）K 线形态的结构特征：________________

（3）股价对应的量能结构：________________

（4）阅读本图的核心要领：________________

（5）实战操盘的应对策略：________________

121◇震荡盘下◇浪萍难驻谱：下跌中途伪阴线

【股谱原文】

◇股价持续下行，在中档拉出一个伪阴线组合，随后若是跳低开盘，则股价将继续下滑。谱中第二根阴线的高开说明空头曾遭突然袭击，但由于多方太过势单力薄，无法使股价在高位企稳，从而扭转股价震荡下行的趋势，就好像无根的浮萍，只能随着流水浪迹天涯，故称“浪萍难驻谱”。

◇不必加入浮萍的行列吧？

图例 121　◇震荡盘下◇浪萍难驻谱：下跌中途伪阴线

【道破K线天机】实训图谱 121

实训图谱 121

认真观察实训图谱，对照所学习的股谱，把自己的学习心得体会写下来：

（1）股价所在的空间位置：________________

（2）K 线形态的结构特征：________________

（3）股价对应的量能结构：________________

（4）阅读本图的核心要领：________________

（5）实战操盘的应对策略：________________

成功交易基础训练核心课程

本课程共12讲，为时1年

学前摸底测试

第一部分　成功交易技术基础

一、盘口技术基础

二、趋势技术基础

三、套利技术基础

第二部分　成功交易战术基础

一、观局判势精要

二、择机套利精要

三、交易策略精要

第三部分　成功交易战略基础

一、风控措施攻略

二、资金管理攻略

三、仓位布局攻略

第四部分　成功交易实战演练

一、交易计划稽核

二、实盘操作点评

三、复盘作业评估

学后结业考核

《成功交易培训教程》晋级考核标准

分为职业投资者系列和职业交易员系列

一、职业投资者系列

交易考核基准资金为 10 万元以上，100 万元以下

入门教程

盈利标准为 1%，每月考核一次，连续 12 月达标，就算合格。

初级教程

盈利标准为 5%，每月考核一次，连续 12 月达标，就算合格。

中级教程

盈利标准为 10%，每月考核一次，连续 12 月达标，就算合格。

高级教程

盈利标准为 20%，每月考核一次，连续 12 月达标，就算合格。

特级教程

盈利标准为 30%，每月考核一次，连续 12 月达标，就算合格。

二、职业交易员系列

交易考核基准资金为 100 万元以上，1000 万元以下

入门教程

盈利标准为 1%，每周考核一次，连续 12 周达标，就算合格。

初级教程

盈利标准为 5%，每周考核一次，连续 12 周达标，就算合格。

中级教程

盈利标准为 10%，每周考核一次，连续 12 周达标，就算合格。

高级教程

盈利标准为 20%，每周考核一次，连续 12 周达标，就算合格。

特级教程

盈利标准为 30%，每周考核一次，连续 12 周达标，就算合格。

以上实训课程仅适合于全职交易的读者参加，非全职交易者勿扰。特地说明。

前导学习课程为《中国证券职业交易培训课程》，属于实训前的基础学习内容。